달을 향한 사다리

달을 향한 사다리

오정주 수필집

한국산문

추천사

　문학은 새로운 세계를 창조한다. 라스베이거스, 쿠웨이트, 하노이, 리비아 등 독특한 이국의 공간과 함께해온 일상들이 문의 마을, 대청댐, 고향의 맛과 버무려, 오정주 작가는 지구가 한 식구가 되는 세계를 구성해놓았다. 단순한 개인적 체험이 아니라, 이 책은 1993년 리비아부터 시작하여, 2002년 하노이를 거쳐, 2012년 쿠웨이트로 이어지는 연대기를, 가족의 일상을 통해 지구현대사를 축조해놓은 산문집이다.

　이 책에는 여러 나라의 인사말과 두부 가격과 명절 습관과 양장점, 그리고 그리운 친구 등을 통한 고현학考現學적인 문화사가 담겨 있다. 공간과 인간의 역사에 대한 저자의 끈질긴 사랑이 없다면 불가능한 기록이다. 흘러간 과거는 결코 사라지지 않는다며, 작가는 기억의 일상으로 소중하게 복원(復原)한다. 이 풍성하고 정감어린 보고문에 손모아 감사드리지 않을 수 없다.

- 김응교(시인, 문학평론가, 숙명여대 교수)

오정주 수필가는 남편의 일터를 따라 세계 곳곳을 삶의 터전으로 삼았다. 하지만 그의 삶터는 생활 터전만이 아니다. 고향은 물론 친정어머니를 비롯한 혈육, 남편, 그가 좋아하는 음악인 모두 그의 삶을 이루는 '터전'이나 마찬가지다. 그의 터전은 늘 글로 이어진다. 따라서 그는 늘 '왜 나는 글을 쓰는가?'라는 말을 의식하며 산다. 그렇다면 그에게 이 말은 '왜 나는 사는가?'라는 말과 같은 뜻이리라.

　그의 글은 현실에서 경험한 일만이 아니라 꿈속에 나타난 것까지 아우른다. 프로이트는 꿈에 나타난 무의식을 분석하며 '자신을 이끄는 주인이라 할 만한 것은 무엇인가?'를 고민했다. 시인 릴케는 현실의 모든 걸 잊을 줄 알아야 그게 무의식의 창고에 저장되어 글로 나타난다고 했다. 수필가 오정주도 자신을 이끄는 주인을 찾아 무의식의 창고에 저장된 것들을 끄집어내어 글로 쓴다. 그리하여 마침내 한입 깨문 과일의 향이 입안에 퍼져 입안뿐만 아니라 온몸에 향기가 번지는 글을 쓴다.

− 박상률(시인, 소설가)

오정주의 첫 수필집은 '사다리'라는 은유를 통해 모든 사람과 소통하고 연결되려는 소망을 내비친다. 이역異域과 본향, 삶과 예술, 침잠과 활력 사이에서 수없이 서성거렸던 시간을, 밝은 창에서 번져가는 빛줄기처럼 재현해가는 그의 시선과 필치는 날카롭고 단아하고 따스하여 그러한 소망을 하나하나 이루어간다. 이국의 향수를 달래주던 붉은 노을처럼, 얼어붙은 시간 너머를 품은 투명한 호수처럼, '작가 오정주'는 생동감 있는 문양文樣으로 수필 문학의 진면목을 성취해간다. 독자들은 그가 들려주는 자기 긍정의 언어를 따라 우리를 위안하고 치유해가는 한없는 사랑의 마음을 만나게 될 것이다. 끝없이 고독했을 한 영혼이 스스로를 찾아간 이 아름다운 자기 발견의 서사는, 어둠을 헤치며 달려가는 카테리니행 기차의 기적 소리처럼, 한동안 우리 곁에 머물러 출렁일 것이다. 우리도 마음속에 사다리 하나씩 가지게 해줄 것이다.

— 유성호(문학평론가, 한양대학교 국문과 교수)

작가의 말

단지 장미가 있을 뿐이다

　남편 직장을 따라 여러 나라를 떠돌며 노마드처럼 살았다.
　달뜬 태양 아래 혼돈의 모래폭풍이 불던 리비아. 오토바이 물결이 거침없이 파도치던 하노이. 그리고 50도가 넘는 불볕 더위에도 옥빛으로 반짝이던 페르시아만의 쿠웨이트….
　처음엔 낯설고 숨 막히는 환경에 당황하기도 했다.
　어느 밤 향수에 젖어 쇼팽의 야상곡을 들으며 창밖의 달을 올려다보니 리비아에서 보던 그 달이 하노이에도 쿠웨이트에서도 똑같이 떠 있었다. 장소만 다를 뿐 결국 삶은 어디서나 비슷했다. 달빛 아래서 우리는 같은 음악을 들으며 저마다의 밤을 지나고 있었다.

새로운 세상을 마주할 때마다 미지의 세계로 한 걸음 내딛는 짜릿한 즐거움이 있었다.

그 모든 풍경을 글로 담고 싶었다.

언어로는 도저히 표현할 수 없는 외로운 순간들도 있었다.

그럴 때면 음악을 들으며 감정에 색을 입히고 내면의 고요 속에서 조용한 위로를 찾았다.

거창한 목적도 눈부신 성취도 바라지 않은 채 그저 마음속 생각들을 담담히 써 내려갔다.

막상 한 권의 책으로 묶어 내려니 머뭇거림이 앞선다.

『달을 향한 사다리』는 끊임없이 묻고 흔들리며 쌓아 올린 내면의 여정이다.

사르트르의 소설 『구토』의 주인공 로캉탱은 일기를 쓰며 자신의 존재를 붙잡으려 했다. 카프카는 "누군가 내 글을 읽어주지 않는다면, 나는 존재하지 않는 것과 같다"고 했다.

나 역시 로캉탱처럼 불안을 느끼고 때로는 카프카처럼 누군가와 연결되고 싶은 마음으로 글을 써왔다. 글쓰기는 나를 향해 그리고 세상을 향해 놓는 하나의 사다리였다.

이제 나는 용기를 내어 작은 사다리를 세상에 걸쳐 본다.

어쩌면 나 자신에게 다가가는 길을 멀리서 찾아 헤매고 있었는지도 모른다.

첫 수필집을 내며 좀 더 솔직하게 나 자신과 정면으로 마주하려 한다. 이제 더 이상 무엇을 증명하려 애쓰기보다 존재 그대로를 고요히 사랑하고 싶다.

이 순간을 온전히 살아가려 한다. 창가에 피어난 한 송이 장미처럼.

> 내 창문 밑에 피어난 저 장미들은 이전의 장미들과
> 자신을 비교하지 않는다.
> 그것들은 단지 지금, 이 순간을 온전히 살아갈 뿐이다.
> 그것들은 신과 함께 존재하며, 그 안에 시간은 없다.
> 단지 장미가 있을 뿐이다.
>
> – 에머슨, 『자연』「자립」 중에서

언제나 올바른 길을 밝혀 주신 스승 임헌영 교수님께 깊이 감사드린다.

이 책이 세상의 빛을 보기까지, 정성을 다한 사랑하는 가족과 문우들에게 깊은 감사의 마음을 전한다.

한결같이 나를 믿어준 나의 언니 선영, 내 글에 가장 충실한 독자인 K, 그리고 라이너 쿤체의 「은엉겅퀴」처럼 말없이 내 곁을 지켜준 친구 Y에게 말로 다할 수 없는 고마움과 사랑을 전한다.

2025년 6월, 대모산을 바라보며

오정주

차례

추천사 4
작가의 말 단지 장미가 있을 뿐이다 7

1부

사과를
한 입
깨물며

사색의 거리에서 16
천 년 전 예언의 섬, 신비로운 문의 마을 23
악마의 카프리스 29
사과를 한 입 깨물며 35
카테리니행 기차 40
흔흔향영 45
존재의 이유 50
꿈은 신의 선물일까 56
송소고택과 객주문학관 60

2부

달을
향한
사다리

달을 향한 사다리 70
라스베이거스와 세 친구 81
봄의 두 얼굴 88
계절의 눈물, 아다지오 95
가을날의 유서 99
찬란한 생의 광시곡, 차이콥스키 『비창』 105
프롬나드의 매력, 『전람회의 그림』 112
우리 결혼 졸업했어요 118
분초사회와 육각형 인간 123

3부

유혹하는 아라비카

쿠웨이트 가는 길 130
노란 볶음밥, 마크부스 135
친절한 아부나와프 씨 140
고통의 축제, '아슈라' 147
유혹하는 아라비카 152
아무리타는 오지 않고 158
사막에 핀 야생화 165
풍요의 역습 170

4부

신짜오 하노이

두 바퀴 세상, 하노이로 떠나다 176
타오의 된장찌개와 콩나물 아줌마 푸엉 182
하노이의 설날 '뗏' 188
엄푸시장의 작은 소동 194
흐엉 양장점의 추억 199
나의 동지, 수이엔 204
못 하이 바본 209
후회 없는 후에 여행 215

5부

그 바다는
울고
있겠지

앗살라무 알레히쿰, 리비아 224

옆집에 사는 앨리스 230

물과의 전쟁, 사막 아래 거대한 지하수 237

사하라의 진주, 오아시스 마을 가다메스 242

지구의 한 모퉁이, 지중해에서 251

토부룩에서 국경을 넘다 256

신의 여름 별장, 룩소르 264

파피루스 식탁보와 피라미드 유감 270

그 바다는 울고 있겠지 279

해설 달, 음악, 그리고 행복한 장미 284
 - 문학평론가 임헌영

1부 사과를 한 입 깨물며

사색의 거리에서

천 년 전 예언의 섬, 신비로운 문의 마을

악마의 카프리스

사과를 한 입 깨물며

카테리니행 기차

흔흔향영

존재의 이유

꿈은 신의 선물일까

송소고택과 객주문학관

사색의
거리에서

　　　　　　　　　겨울은 계절의 어머니 같다. 봄, 여름, 가을, 이 모든 계절을 피워내기 위해 겨울은 매서운 바람과 얼어붙는 추위를 품고 잉태의 시간을 견뎌낸다. 가장 깊은 침묵 속에서 인고하는 겨울은 어머니처럼 위대하다.

　코끝이 알싸하게 시린 겨울날, 앙상한 가지 사이로 불현듯 친정엄마의 얼굴이 떠올랐다. 쓸쓸함이 가슴 깊이 밀려와, 나는 앞치마를 벗어 던지고 방학 중인 아이들의 손을 잡고 충청도의 작은 면 소재지, 문의 마을로 훌쩍 떠났다.

　모두가 곤한 잠 속에 빠져 있는 이른 아침, 베란다에서 앞산을 바라보며 기지개를 켠다. 멀리 대청댐이 아른아른 내 눈에 담긴다. 새벽 운동을 다녀온 엄마의 옷자락에 묻은 냉기가 코끝을 스친다. 무엇에 홀린 듯 바삐 옷을 챙겨 입고 차르륵~ 쌀 떠내는 소리를 뒤로한 채 현관을 나선다.

 빌라 입구, 엄마의 빨간 소형 오토바이가 마치 나를 바라보는 듯하다. 다시 태어나면 꼭 자동차를 운전해 보고 싶다는 진취적인 분. 지금은 바람처럼 가볍게 골목을 누비는 이 오토바이가 엄마의 작은 날개가 되어준다. 그 멋쟁이를 가만히 쓰다듬어 본다.

 엄마는 두 딸을 시집보낸 뒤 청주의 아파트를 정리하고 대청댐이 내려다보이는 고향 땅으로 거처를 옮기셨다. 친구들과 게이트볼, 산악회를 즐기다 가끔은 바람처럼 서울에 올라와 손주를 돌보고 살림을 거들다 다시 문의 마을로 내려가신다. 엄마가 고향에 머문 뒤로 우리는 엄마 집에 갈 날을 손꼽아 기다린다. 삭막한 고층 아파트에 살다 보니 우리 가족에겐 호수를 품은 이 마을이 특별한 섬이다.

 마을은 아직 잠들어 있다. 낯선 골목을 일부러 멀리 돌아 걸었다. 삼한사온이 이어진 겨울 아침은 냉기가 맵지 않고 상큼하다. 십 분쯤 걸으니 마침내 대청호가 눈앞에 펼쳐진다. 아침 안개를 머금은 호수는 마치 꿈속 같고 그 뒤로 굽이진 언덕과 첩첩산중이 병풍처럼 둘러쳐 있다.

 오롯한 적막과 마주한 그 순간, 적당한 곳에서 멈추고 크게 심호흡한다. 두 팔을 활짝 벌려 위아래로 흔들며 내 안의 시간을 깨운다. 아, 얼마나 이 고요한 시간을 기다렸던가. 하루에 한 시간, 아니 삼십 분만이라도 음악조차 끄고 가만히 있어 보는 것이 내 오랜 소망이었다. 늦둥이 덕분에 길어진 육아는 언제부턴가 자아실현의 갈망을 더욱 키웠다. 가사 노동에 매여 살면서 일에 대한 막연한 동경과 정체성 고민이 늘 나를 흔들어 왔다.

결혼 전 잠시 몸담았던 문의 중학교가 내 뒤편에 보인다. 교실 창 너머에 반짝이던 대청호의 윤슬은 여전히 그 빛을 간직하고 있을까? 호수가 한눈에 들어오는 참 아름다운 학교였다. 새벽부터 농사일을 돕느라 매일 지각하던 남학생이 "안 혼내서 고맙습니다"라고 쓴 삐뚠 글씨의 손편지, 나를 고급 한정식집에 초대하여 따뜻하게 환영해 준 가정 선생님, 잊지 못할 기억들이 호수 위로 떠오른다. 그때 오리 한 마리가 푸드덕 날아오르며 호수를 깨운다. 수면 위로 아침 햇살이 번지고 바람이 왈츠를 추듯 다가온다. 그리운 것들이 파문처럼 번진다. 나는 시간의 호숫가에 잠긴 채, 춤을 추듯 그 흔적을 따라간다.

프루스트는 시간을 직선으로 보지 않았다. 그에게 과거는 저편에 있는 것이 아니라, 지금 여기의 감각 속에 숨어 있다. 마침내 햇살이 물안개를 걷어낼 때, 나는 그 기억을 하나씩 건져 올렸다. 수면 위를 부유하던 그리움이 햇살에 씻겨 오늘의 빛으로 되살아나는 순간, 나는 잃어버린 시간을 다시 만난다.

엄마가 차려 준 아침밥이 꿀맛이다. 쇠고기와 애호박, 양파를 듬뿍 넣고 끓인 버섯찌개는 예나 지금이나 일품이다. 남편 없이 삶을 헤쳐 온 엄마, 이제는 혼자 사는 게 익숙하기도 하련만 손자들 재롱에 밝아진 얼굴이 애잔하다.

잘 노는가 싶던 아이들은 항상 그렇듯 또 뒤엉켜 싸운다. 셋째는 할머니 따라 이웃 마을로 보내고, 이제 막 연처럼 날아오르기 시작한 두 아이를 등 뒤에 달고 다시 호숫가로 향했다. 고향의 산천이 저 멀리 보인다. 열다섯 살까지 나를 품었던 그 땅은 내가 청주로 이사한 지 5년 뒤에 대청댐 아래로 사라졌다. 이젠 지도에도 길 위에도 없고 전설처럼 사람들 기억 속에만 남아있다.

앙상한 나무들과 가로등이 줄지어 선 길을 따라 한 모퉁이를 돌자 갑자기 광활한 호수가 눈앞에 펼쳐졌다. 끝이 보이지 않을 만큼 넓고 길게 뻗은 호수에 가슴이 탁 트인다. 조금 더 걸어가니 '사색의 거리'라는 팻말이 나타난다. 사색에 잠긴 채 멀리까지 호수를 바라본다. 바람이 옷자락을 스친다.

정든 마을과 사람들은 멀어졌지만, 산천은 여전히 호수 속에서 물고기처럼 유영하고 있을 것만 같다. 학교 앞 가겟방에서 1원에 일곱 개 하던 번데기 과자를 사 먹던 기억, 폐병에 걸렸다는 소문이 떠돌던 안당선 아저씨네 호떡집, 그리고 20원에 4권씩 빌렸던 만화책. 집으로 돌아가는 길, 숯거리 다리 위에서 어둑해질 때까지 푹 빠져 읽던 기억들이 강 오리의 물보라처럼 생생하게 튀어 오른다.

프루스트는 말했다. 잃어버린 시간은 결코 완전히 사라지는 법이 없다고. 그것은 어느 날 불쑥, 찻잔 속 마들렌 조각 하나로도 되살아난다고. 내게는 이 호숫가의 빛과 바람이 그러했다. 그 모든 기억은 의도가 아닌 감각을 따라 조용히 숨 쉬며, 제때를 기다리고 있었다.

경찰 공무원이던 아버지가 세상을 일찍 떠나지만 않았다면 엄마는 장사 같은 건 모른 채 살았을 것이다. 하지만 두 딸을 친정에 맡기고 밤늦도록 고단하게 일해야 했다.

외가에서 자란 나는 시골에 살았지만, 농사일은 몰랐다. 외할아버지가 많은 땅을 남기고 돌아가신 덕분에 외할머니는 텃도지를 받으며 살았고 외삼촌들은 대학에 다녔다.

여름이면 친구들은 어디론가 일하러 가고, 나는 혼자 남아 신작로의 둥근 나무를 붙잡고 빙글빙글 돌며 시간을 보냈다. 친구 선희가 커다란 빨래통을 머리에 이고 냇가로 가면 그 뒤를 졸졸 따라가 물장난을 치곤 했다. 검은 보리쌀을 거친 돌함지박에 문질러 씻을 때도 옆에 찰싹 붙어 구경했다. 선희는 내 또래였지만 친구라기보다 언니였고 큰 어른처럼 느껴졌다. 고향이 물에 잠기지만 않았더라면 선희네 집까지 이어지던 그 골목길과 냇가를 한 번쯤 다시 걸어 볼 수 있었을 텐데….

　울창한 소나무가 가득한 야산을 따라 한 모퉁이를 더 돌아서니 이번엔 '낙엽의 거리'라는 팻말이 눈에 들어왔다. 누가 이런 멋진 이름을 붙여 놓았을까. 덕분에 호숫가 산책이 더욱 즐거워졌다.

　나흘 동안 매일 같이 '사색의 거리'를 걸었다. 밤늦도록 책을 읽고 늦잠을 잔 날이면 엄마는 어느새 내 식탁을 차려놓고 조용히 아이들을 데리고 나가셨다. 덕분에 나는 오롯이 휴식의 진수를 만끽할 수 있었다.

　문의 영화마을 위쪽에 있는 문의문화재 단지에 가서 호수를 마주 바라보며 아이들과 그네도 탔다. 문의문화재단지는 '만남의 거리' 반대편에 성곽처럼 높이 자리 잡고 있다. 이곳에서 바라보는 대청호의 풍경이 일품이다. 새끼줄 그네가 호수 위로 날아오르면 세상의 모든 무게가 한 줌 바람처럼 사라지고 시간이 멈추는 듯했다. 물에 잠긴 옛 마을을 민속촌처럼 재현해 놓았고 작은 박물관도 자리한 그곳. 그 모든 것이 오래된 기억을 따뜻하게 품어내어 참 좋았다.

　어둠이 내려앉은 도시로 돌아오니 마음 한편이 허전했다. 하지만 그 나흘은, 잃어버린 내 시간의 조각들을 조용히 불러내 주었다. 여전히 호숫가 어딘가에는 내 유년의 기억 파편들이 물비늘을 타고 흐르며, 파문처럼 번지고 있을 것이다.

  기억은 이따금 감각의 틈으로 스며들어 마음을 물들인다. 그 시간은 언젠가 또 불쑥, 찬란한 햇살이나 익숙한 냄새를 타고 내 곁에 머물 것이다.

천 년 전 예언의 섬,
신비로운 문의 마을

 옛날에는 구름 위에 앉은 까마득한 절이었다. 구룡산의 깎아지른 듯한 절벽 위에 다람쥐가 매달려 있는 것 같다 하여 '다람절'이라 불리기도 했던 현암사는 원효가 중창했다는 전설을 간직한 천년 고찰古刹이다.

 초등학교 소풍 때 단골 장소였던 그곳이 지금은 대청호반 도로 바로 위에 위치하면서 사찰 곳곳에서 대청호의 절경을 볼 수 있는 전망대가 되었다. 철제로 된 가파른 108계단을 올라가면 대청호와 대청댐의 수문이 발아래로 펼쳐진다. 내 고향 산천이 그렇게도 아름다웠던가. 중국 천하절경 계림桂林에 온 듯한 착각이 들 정도다. 수려한 야산들이 병풍처럼 끝없이 이어진 대청 호수는 하롱베이 전망대 티톱섬에서 보는 풍경의 축소판 같다. 신선이 된 듯 황홀하다. 그러나 그 신선은 외롭다. 슬프다. 유년의 고향이 안타깝게도 저 멀리 보이는 물속에 가라앉아 있다. 어린 시절을 보낸 문의면 상장리 삼리 253번지와 61회로 졸업한 문의초등학교, 그리고 5일 장이 서던 문의 장터는 대청호의 심연에 잠들고 말았다.

그것은 운명이었다. 천 년 전 예언이 현실로 다가온 하늘의 뜻이었다면 고향을 등져야 했던 2만 6천 명의 수몰민들은 아픔을 조금이나마 달랠 수 있을까? 어린 날 추억의 증거들이 사라진 것은 인생의 한 귀퉁이를 도난당한 듯 씁쓸하고 허전한 일이다. 어릴 때 친구들과 고무줄놀이하면서 이웃 마을 무너미라는 동네에 언젠가 물이 넘치고 우리 마을까지 잠길 거라는 풍문은 많이 들었지만 설마 그 일이 정말로 실현될 줄 누가 알았을까.

대청호수의 아름답고 도도한 자태를 오래도록 바라보고 있으면 어머니와 함께 있는 착각이 든다. 그분이 평생 홀로 겪은 외로움과 슬픔을 잊지 않겠노라 맹세했던 그 마음은 어디로 갔던가. 어머니의 숨결이 오롯이 녹아 있는 고향이기에 호수의 그 물결 하나하나가 애틋하기만 하다.

떠나야 할 운명을 미리 감지했을까. 청주의 아담한 양옥집으로 이사한 것은 대청댐 공사가 막 시작되던 1975년이었다. 그때 자취를 하며 청주여고에 다녔던 언니를 새집으로 먼저 떠나보내고 나는 외할머니 집에서 좀 더 살다가 언니의 여고 후배가 되어 떠났다. 말년에 어머니가 다시 고향으로 돌아가 손자 손녀들과 호숫가를 거닐며 행복했던 것은 고희를 앞둔 몇 년 동안에 불과했다. 외로운 투병을 할 때 멀리 해외에 살았던 게 한이 되어 나는 속죄하는 마음으로 문의 마을을 자주 찾는다.

충북 청원군 문의면에 있는 '문의 수몰 유래비'에는 천 년 전 예언이 적혀 있다. 고려 초기 일륜선사가 부처님의 도장을 세울 만한 명당을 찾던 중 서원의 남쪽을 지나다 현재는 양성산으로 불리는 일모산一牟山에 올라 대청호가 있는 곳에 대해 제자에게 말했다.

"사방의 정기는 영명하다. 장차 문文과 의義가 크게 일어나 숭상될 것이다. 육로와 수로가 사통팔달했으니 부락과 인물이 번성하리라. 그러나 어이하랴. 향후 천년 뒤의 운세가 물밑에 잠겼음을. 그때 이르러 새 터전을 마련케 되리라."

이 예언으로 면의 명칭을 문의文義라 하였다. 예언대로 많은 인물이 배출되고 교통의 중심지가 되었지만 1980년 대청댐 건설로 수몰되고 말았다. 해발 80미터 이하의 지역이 대부분 물속에 잠겼고 수몰면적만도 여의도의 85배 정도라 하니 올망졸망한 야산들을 호위병처럼 끝없이 거느린 대청호는 문의를 호반의 섬으로 다시 태어나게 했다. 주민의 반이 고향을 떠나야 했던 슬픔도 잊은 채 문의 마을은 천 년 전 전설을 간직한 채 수려한 자연경관을 자랑하며 다양한 문화시설과 공원들을 갖추고 호반의 관광지로 새롭게 부활한 것이다.

 타임머신을 타고 잠시라도 어린 시절로 돌아갈 수 있다면 어머니 손을 잡고 웃으며 문의 장터에 가 보고 싶다. 세상에서 제일 맘씨 좋은 미소를 가진 '박 사진관' 아저씨 집을 지나 어머니의 화장품 창고 방이 있던 미용실에 가면 연탄불에 달궈진 고데기가 석화 아줌마 손에서 딸깍거리고 있겠지. 나는 그 아줌마처럼 미용사가 되고 싶은 꿈에 얼굴이 발그레해지고 두툼한 외상장부 정리를 마친 어머니랑 호떡도 사 먹고 외할머니가 사 오라는 노랑태를 흔들며 장터를 누비고 있으리라.

 양성산을 등에 업고 문산관 뜰에서 오른쪽으로 고개를 들면 저 멀리 문덕리의 문필봉이 보인다. 밤마다 도깨비가 나타나 지나가는 사람에게 모래를 뿌린다던 옥새봉은 어디쯤일까. 건넌 마을 산이었던 옥새봉은 한밤중에 불빛이 번쩍거릴 때가 많았는데 그것은 정말 도깨비불이었을까? 학교 행사 때마다 비가 자주 오는 이유가 학교에서 일하는 이씨 아저씨가 '문산관' 지붕 안에 사는 용을 보았기 때문이라는 소문이 돌았다. 조선시대 중기의 객사였던 건물이 교무실과 교실로 사용되다 보니 300여 년의 고택 기운이 황당한 전설을 만든 것은 아니었을까.

수몰위기에 처하자 문산관은 학교로 변형되었던 구조를 조선시대 옛모습으로 완전하게 재현하여 문화재로 지정되었다. 용의 전설은 물속에 가라앉지 않고 생생하게 남아 맘껏 추억을 소환할 수 있게 되었다.

40여 호가 살았던 우리 마을에 자랑할 만한 인물로 4선 국회의원과 정무장관을 지낸 정치인 신경식이 있다. 『7부 능선엔 적이 없다』(2008)라는 그의 회고록에 김수영이나 신동엽보다도 더 먼저 참여시 논쟁을 일으켰던 신동문(1927~1993) 시인이 나온다. 1960년대에 '4.19시인'이란 별칭이 붙은 혜성처럼 빛나던 시인 신동문은 신경식에게 문학을 가르친 스승이기도 했던 항렬 높은 집안 어른이었다.

고은의 시 「문의 마을에 가서」는 모친상을 당한 신동문의 고향에 가서 장례식을 주관했던 사실을 배경으로 하고 있다. 1969년 『현대시학』에 발표된 이 시는 처음엔 제목 때문에 즐겨 읽었지만 이제는 삶에 대한 허무감이 가슴 깊숙이 파고드는 절절한 노래가 되었다. 내 유년 마을의 운명과 8월 달력을 멈추어 놓고 10월 마지막 날 영정사진으로 돌아온 내 어머니를 위한 예언 시처럼 느껴졌기 때문이다.

겨울 문의에 가서 보았다./ 죽음이 삶을 껴안은 채/
한 죽음을 받는 것을.
끝까지 사절하다가/ 죽음은 인기척을 듣고/
저만큼 가서 뒤를 돌아다본다.
모든 것은 낮아서/ 이 세상에 눈이 내리고/
아무리 돌을 던져도 죽음에 맞지 않는다.
겨울 문의여, 눈이 죽음을 덮고 또 무엇을 덮겠느냐. (후략)

- 고은 「문의文義 마을에 가서」

저 멀리 어머니가 홀로 살던 산 아래 빌라를 찾아본다. 나비처럼 생긴 구름 하나가 내 눈앞에서 오래오래 맴돌고 있었다. 그 구름을 따라가면 어머니의 목소리도 다시 들릴 것만 같았다. 한 번만 더, 그 목소리로 내 이름을 불러준다면 나는 기꺼이 그 마을 끝자락까지 아니 지구 끝이라도 걸어갈 수 있으련만.

악마의
카프리스

딸아이는 바이올린을 선택한 자신의 결정을 후회하는 한탄의 말을 처음으로 쏟아냈다. 대학 입시곡으로 지정된 파가니니(Nicolo Paganini, 1782~1840)의 바이올린을 위한 무반주 『24개의 카프리스』 중에서도 난도가 높은 4번이 문제였다. 오랜 시간 쌓아온 노력마저 흔들리는 순간, 예술의 길이 얼마나 외롭고 험난한지를 절감하게 했다. 우리 가족은 넉 달 넘게 절통한 비애가 느껴지는 그 난해한 곡을 들으며 추운 겨울을 힘겹게 보냈다.

'바이올린의 경전'으로 불리는 『24개의 카프리스』는 풍부한 악상과 더불어 왼손 피치카토, 더블 트릴 같은 손가락을 혹사하는 기교로 악명이 높다. 바이올린을 전공하는 학생이면 누구나 피해갈 수 없는 필수 연주곡으로 각종 경연 대회와 입시의 단골손님이다. 당시 바이올리니스트들조차 "이건 연주가 불가능하다"고 입을 모았는데 전설의 바이올리니스트 하이페츠 조차 무대에서 완곡 연주를 거부했다고 한다.

마에스토소의 장중한 멜로디와 휘파람 소리 같은 하모닉스 화음에 감탄사가 절로 나온다고 예찬하면 딸은 다채로운 화음을 내는 그 기교가 얼마나 까다로운지 아느냐며, 비틀어지는 운지법을 보여주었다. 손에 쥐가 날 정도로 이어지는 트릴과 중음 주법, 그리고 활을 튕겨내는 기법은 마치 손끝이 불타는 듯한 고통을 준다고 한다. 또한 음정이 얼마나 까다로운지 손가락이 이쑤시개처럼 얇았으면 좋겠고 고무줄처럼 늘어났다 펴질 수 있는 마술이라도 걸렸으면 좋겠다고 했다.

우리 집 어린 두 남매가 1/8과 1/4 사이즈의 바이올린을 들고 학교 예능 발표회에서 바흐의 「두 대의 바이올린을 위한 협주곡」을 함께 연주했을 때 나는 짜릿한 행복을 느꼈다. 그런 순간을 평생 느껴보겠다는 욕심은 손톱만큼도 없었는데 예술학교를 선택한 딸이 점점 유명 콩쿠르 트로피를 하나, 둘, 거머쥐고 오자 나도 모르게 욕심이 눈덩이처럼 불어났다.

파가니니는 아홉 살에 자작곡으로 이미 연주회를 열어 세상을 놀라게 했고 열세 살 어린 나이에 연주 여행을 다니며 초인적인 기교를 위한 난곡難曲을 작곡한 천재였다. 파가니니와 비교할 바는 아니지만 우리 딸은 아홉 살 때 우연히 나간 '소년 한국일보 음악 콩쿠르'에서 입상해 나를 놀라게 했으나 그저 바이올린 연주를 좋아하는 보통 아이일 뿐이었다. 단지 절대음감을 선천적으로 타고났다는 게 신기해서 대회에 한 번 나가본 것뿐이었다. 그때 입상만 하지 않았어도 미련 없이 돌아섰을까? 예술은 경제적으로 결코 만만한 길이 아니라는 걸 알기에, 상을 받은 뒤 아빠의 해외 발령을 계기로 자연스레 그만두고 잊었다. 그런데 6학년 때 귀국하면서, 왜 다시 예중 입시에 도전하여 결국 그 길을 걷게 되었는지…. 그것이 바로 운명이었던 것 같다.

파가니니는 바이올린 한 대로 오케스트라를 대신할 만큼 독창적인 연주를 선보였다. 동물의 울음소리를 재현하고 활도 나뭇가지로 쓰며 한두 개의 현만 사용하거나 악보를 거꾸로 올려놓고 연주할 정도로 자유로웠다. "그 기행들은 기존의 틀에 안주하지 않고 새로운 기술과 표현 방식을 끊임없이 탐구하는 자세이며 놀라운 실력을 증언하는 에피소드 아니겠냐"고 아는 척을 하면 딸은 파가니니의 천재성에 감탄하면서도 씁쓸한 표정을 지었다.

"파가니니는 남들보다 손가락도 길고 관절도 유연했잖아. 이렇게 어렵게 곡을 만든 건 너무 이기적이야!"라며 말끝을 흐렸다. 딸의 말처럼 그의 『24개의 카프리스』는 후세의 연주자들에게 도전

과제이자 고난의 상징으로 남아 있다.

그의 연주가 얼마나 경이로웠으면 연주회장에 악마와 마녀가 춤을 춘다는 입소문이 퍼졌겠는가. 파가니니의 연주를 한 두 곡만 들으면 누구나 팬이 되어 열광했고 놀라운 연주에 감동한 나머지 집단 히스테리까지 일으켰다고 한다. 파가니니의 연주를 본 시인 하이네는 "공연 중 발치에는 사슬이 감겨있고 악마가 나타나 연주를 도왔다"라고 표현했다.

나폴레옹의 여동생 엘리자 보나파르트는 파가니니의 바이올린 연주를 듣고 까무러쳤다고 한다. 1832년 파리 오페라 극장에서 파가니니의 연주를 들은 스물한 살의 리스트는 너무도 감격하여 그 자리서 엉엉 울었으며 피아노계의 파가니니가 되겠다고 결심했다. 이미 천재적인 재능을 인정받았던 리스트는 그 후 새로운 연주 기법을 개발하여 당대 최고의 비르투오소 피아니스트가 되었다.

파가니니의 아버지는 아들의 재능을 간파하고 베토벤 아버지처럼 혹독한 연습을 시켰다는데 나는 그저 별 욕심 없이 평생 즐길만한 취미 한 가지를 계발해 주고 싶었다. 여섯 살에 맨 처음 시켜 본 것이 내가 좋아하는 악기 바이올린이었다. 그 천재도 골방에 가두고 아침부터 밤까지 정확하지 않으면 매를 때리고 끼니를 굶겼다고 하는데 나는 천재도 아닌 딸아이를 담금질 한 적도 없고 무식하면 용감하다고, 예술을 너무 쉽게 생각했다. 그 시절이나 지금이나 재능있는 자에게도 엄격한 훈련 방법은 변함이 없는데 말이다.

다행히 딸아이는 음악을 너무나 사랑했기에 스스로 알아서 연습하면서 무난히 잘 헤쳐 나갔다. 『24개의 카프리스』를 연습하다가 어렵다고 하소연하면서도 파가니니처럼 자유롭고 독창적인 연주자가 되고 싶다고 했다. 어차피 갈 길이라면 어릴 적부터 더욱 엄격하게 훈련시킬 걸, 하는 후회가 마음 한구석을 찔렀다.

그의 경이적인 음색의 연주가 악마에게 영혼을 팔아서 얻은 대가라고 당시 사람들이 수군거렸다. 파가니니는 손가락이 길었을 뿐만 아니라 엿가락처럼 늘어지는 병까지 앓았기에 일반인 연주자를 배려하지 않은 점도 있다.

파가니니는 자기의 연주법을 비밀에 부치고 제자도 단 한 사람만 키웠다. 그는 삶으로 예술을 증명했지만 그 여정은 고독으로 얼룩져 있었다. '일정한 형식에 구속되지 아니하고 자유로운 요소가 강한 기악곡'이란 뜻의 카프리스caprice는 그의 인생을 한마디로 표현해 주는 말 같다. 바이올린 하나로 많은 재산을 모았으나 관습과 권위를 무시하는 특유의 자유분방함으로 젊은 시절에 걸린 매독이 평생 완치되지 않았고 말년에는 투자 실패와 도박 등으로 바이올린 마저 처분하는 등 불운을 겪었다. 어쩌면 신이 선택한 파가니니를 악마가 질투했던 것은 아닐까. 파가니니는 모든 것을 가졌으나 결국 많은 것을 잃었다. 하지만 그의 연주는 시대를 넘어 오늘도 많은 사람들의 가슴을 흔든다.

딸아이가 그런 위대한 음악가들과 같은 열정을 품되 그보다 더 행복한 음악 인생을 살아가길 바란다. 단순히 기술적 완벽함을 넘어서 청중의 마음 깊은 곳을 울리는 연주를 꿈꾸며 자기 자신을 끊임없이 단련하는 진정한 예술가로 성장하기를. 그 여정은 고된 길이겠지만 언젠가 자신만의 이야기를 연주로 들려줄 날을 기대한다.

한 평짜리 동굴 같은 연습실에 갇혀 해가 뜨는지 달이 지는지도 모른 채 연주에 몰입하는 그녀 곁에 뮤즈의 천사가 항상 머물러 있길 바랄 뿐이다.

사과를 한 입
깨물며

글을 쓰다가 마음에 들지 않아 공연히 냉장고 문을 열었다. 사과를 꺼내 한입 깨무니 껍질째 이빨에 터지는 달착지근한 과즙이 메마른 입안을 촉촉이 적신다. 이렇게 한입 베어 물기만 해도 풍부한 맛이 퍼지는 사과처럼 내 글도 읽는 이의 가슴을 적실 수 있을까? 아직 창밖은 훤한데 거실은 낮의 정령들이 이미 커튼 뒤로 숨어 어스름 그림자가 지고 있다.

왜 나는 글을 쓰는가? 어둑해진 사물들에게 물어본다. 벽시계의 분침이 흠칫 놀라 멈추는가 싶었는데 여전히 조용하게 원을 그리고 있다. 언제부턴가 나는 글을 쓰지 않고는 견딜 수 없어 책상 앞에서 서성였다. 시시한 일기라도 끄적여야 내면의 나를 안정시킬 수 있었고 존재에 대한 막연한 불안에서 잠시나마 벗어날 수 있었다.

"내 기쁨과 슬픔을 위해서, 자기실현과 자아의 충일감을 위해서, 상처를 치유하고 고통에서 벗어나기 위해서, 나는 쓴다"라는 장석주의 말에 절절히 공감하였다.

조지 오웰은 글쓰기를 '고통스러운 병'에 비유했다. 헤밍웨이도 자신의 초고를 '걸레'라고 했다. 위대한 작가들조차 그러했다니 내 고뇌쯤이야 대수롭지 않다. 마음이 조금 가벼워진다.

사과를 또 한입 깨물며 어슬렁거리는데 음대생 딸이 자기 방에서 연주하는 「카르멘 판타지」가 흘러나온다. 마침 손에 쥔 빨간 사과 때문일까. 강렬한 선율이 가슴을 파고든다. 화려한 테크닉 속에 감싸인 선율이 온몸을 전율하게 만든다. 현란한 리듬과 풍성한 화음은 마치 오페라 속 한 장면처럼 극적인 긴장감과 감정을 이끌어낸다. 초인적인 기교와 탁월한 감수성을 지닌 이 곡은 천재 바이올리니스트 사라사테가 남긴 최고의 작품 중 하나다. 들을 때마다 마음 깊은 곳을 울리는 잊을 수 없는 선율이다.

완벽한 연주를 위해 딸이 오랜 시간 공들여 연습해 온 순간들이 떠오른다. 어릴 적 가족 여행을 갈 때도 바이올린을 챙겨야만 안심했다. 예술의 길로 들어선 여정은 여전히 가시밭길이지만 기꺼이 감당하고 그 안에서 기쁨을 찾는 모습이 대견하고 다행스럽다.

내가 초등학교 3학년 때 유난히 얼굴이 하얀 담임 선생님은 일기장 모서리에 구멍을 내고 끈을 달아 교실 창가에 주렁주렁 걸어놓았다. 매일 일기 검사를 하고 끝에 한두 줄씩 정성 어린 격려를 써주셨다.

어느 날, 담임이 나를 부르더니 '산문반'에 가보라고 했다. 산문이라는 말이 매우 낯설었지만 그 말에 이끌려 찾아간 5학년 교실에서 이기석 선생님을 만났다. 처음엔 키가 크고 건장한 체구에 짙은 눈썹만으로도 무섭게 느껴졌다. 막대기를 겨드랑이에 끼고 분필로 칠판을 탁탁 치며 큰 소리로 열심히 가르치는 모습이 인상적이었다. 학생들에게 신문 스크랩을 권하며 글을 읽고 쓰도록 독려했다. 그러나 빨간 줄 원고지에 쓴 글을 검사할 때면 막대기로 배나 옆구리를 찔러 공포를 주었다.

1년쯤 흐른 어느 날, 선생님은 무슨 이유인지 "글쓰기 싫은 사람은 엉덩이를 맞고 나가라"고 언성을 높였다. 여럿이 앞에 나가 벌벌 떨며 매를 맞았다. 나도 언니들처럼 엉덩이에 얇은 옷을 끼워넣고 겨우 버텼다. 그날 이후 무용반으로 도망쳐버렸다.

중학교 시절, 교내 '시 쓰기 대회'를 자주 열었던 국어 선생님 덕분에 시인의 꿈을 키웠다. 상장 받는 재미에 빠져 혼자 습작하며 시상을 찾아 헤매곤 했다.

'누구의 애상이 그곳에 묻혔기에 퇴색된 한 잎 한 잎 추별에 떨던가'로 시작하는 「낙엽」이라는 자작시는 유치하기 짝이 없지만 아주 오랜 세월이 흐른 지금도 자연스레 입에서 흘러나온다. 추별이라는 단어는 사전에 찾아봐도 없는데 어디서 주워다 쓴 것일까.

여고 시절에는 문예반 활동을 했지만 입시에 밀려 창작의 열정은 잠시 접어야 했다.

대학생이 되어 유명 문예지에 시를 응모했으나 낙방했고, 문학은 천부적 재능이 필요한 세계라 여기며 결국 꿈을 접었다.

결혼 후 몇 나라를 떠돌던 시절, 신춘문예에 당선된 시를 읽고 가슴이 뛰던 기억이 있다. 인터넷도 없던 그때 남편 회사로 배달된 신문 뭉치를 읽는 일이 큰 위안이었다.

헤어진 옛 애인을 다시 만난 듯 글을 쓰게 된 계기는 백화점 문화센터에서 임헌영 문학 평론가를 만난 것이었다. 결혼하고 아이 셋을 키우며 그동안은 처삼촌 묘 벌초하듯 간간이 써 왔지만 훌륭한 스승을 만나 본격적인 창작법을 배우면서 삶이 문학과 함께할 때 비로소 행복하다는 것을 깨달았다.

딸은 「우아한 유령Graceful Ghost」으로 곡을 바꾸었다. 단조의 미끄러지는 듯한 선율로 시작하는 애련한 곡은 미국 현대 음악 작곡가 윌리엄 볼컴이 아버지를 그리워하며 만든 작품이다. 서글프면서도 몽환적인 분위기는 문득 달빛 아래 춤추고 싶은 충동을 준다. 어둠이 내린 거실에서 몸을 움직여본다. 마치 내 마음을 들여다본 듯한 이 선율을 따라 먼 추억 속으로 가라앉는다. 그곳에 옛날의 문학소녀가 기다리고 있었다.

"난 진정, 내 안에서 솟아 나오려는 것. 그것을 살아보려 했다.
왜 그것이 그토록 어려웠을까."

- 『데미안』 서문 중에서

글쓰기는 고통과 환희를 함께 품는다. 고통을 견디며 내면의 진실을 마주할 때 그것은 「우아한 유령」처럼 서글프고 「카르멘 판타지」처럼 짜릿한 기쁨이 된다.
다시 한입, 사과를 깨문다. 향긋한 과즙이 입안 가득 퍼진다. 언젠가 내 글도 이런 맛이 나길 바라며….

카테리니행
기차

카테리니행 기차는 8시에 떠나가네
11월은 내게 영원히
기억 속에 남으리
내 기억 속에 남으리
카테리니행 기차는 영원히
내게 남으리(…)

- 「기차는 8시에 떠나가네」

바람이 스산한 11월의 어느 날, FM 라디오에서 흘러나온 「기차는 8시에 떠나가네」의 선율이 메말랐던 내 감성을 흔들었다. 카라얀이 '신이 내려준 목소리'라고 극찬한 조수미의 감미롭고 매혹적인 음성이 가슴에 파고든다. 잔잔한 기타 연주 선율이 빚어내는 애절한 이별의 노래는 나도 저녁 8시가 되면 무작정 어느 기차역으로 달려가야 할 것 같은 충동을 일으킨다. 어떤 비밀을 품었기에 사랑하는 임이 영원히 돌아오지 못한다는 것일까? 차창 밖, 잎을 떨군 앙상한 나무들이 처량하다. 마치 노래의 주인공이 된 듯 마음이 술렁이고 자동차 핸들을 잡은 손에 힘이 빠진다.

음악을 듣고 눈물을 흘려본 게 얼마 만이던가. 문득 감수성이 예민해지고 마음속 깊이 잊혔던 감정이 스며 나온다. 친구라도 불러내 근사한 카페에서 차를 마시고 싶어 간판을 찾으며 잠시 일탈을 꿈꿨다. 그러나 그날따라 가족을 위한 거룩한 의무들이 거리에 떠도는 낙엽처럼 많다는 걸 곧 떠올렸다. 결국 기차역 근처도 못 가고 일상의 소소하지만 중요한 일들을 처리한 뒤, 장바구니를 챙겨 집으로 돌아왔다.

식구들이 잠든 늦은 밤, 노래를 다시 들어보려고 컴퓨터를 켰다.

> 함께 나눈 시간들은/ 밀물처럼 멀어지고/
> 이제는 밤이 되어도 당신은 오지 못하리/ 당신은 오지 못하 리/
> 비밀을 품은 당신은 영원히 오지 못하리 (…)

마리아 파란투리와 아그네스 발차가 부른 노래들이 인상적이었다. 그런데 내게 깊은 여운을 남긴 그 노래는 단순한 이별 이야기가 아니었다. 민주화를 위한 투쟁과 저항의 메시지를 담고 있다는 숨겨진 사실을 알게 되면서 그 울림은 얕은 감상의 벽을 깨고 역사의 외침으로 다가왔다. '카테리니행 기차'는 나치에 저항했던 그리스의 젊은 레지스탕스 연인을 둔 친구의 실화를 바탕으로 만들어진 노래다. 2차 세계 대전 때 독일군과 싸우기 위해 전장으로 떠난 그리스 청년의 아픈 사연이 담겨 있었다. 민중의 비극과 슬픔을 실은 그 노래는 깊은 울림으로 전 세계에 번져 나갔다.

마리아 파란투리는 테오도라키스와 함께 음악을 통해 그리스 민주화 투쟁의 현실을 세계에 알렸다. 그녀의 깊고 풍부한 알토 음성은 저항에 생명력을 불어넣었으며 예술적 감동을 넘어 정치적 메시지를 주었다. 테오도라키스는 그리스 독재 정권의 박해 아래서도 천 곡이 넘는 민중 가곡을 작곡한 민주화 운동의 투사였다. 이 노래를 작곡한 지 얼마 안 되었을 때 쿠데타가 일어나 그의 음악은 그리스 전역에서 금지되었다. 테오도라키스는 투옥과 망명을 거듭했지만 민중의 희망을 노래하는 것을 멈추지 않았다. 그의 선율은 억압에 맞선 이들의 마음을 일깨우고 자유를 갈망하는 전 세계인들에게 영감의 불꽃이 되었다.

진정한 감동은 결코 쉽게 얻어지는 것이 아니다. 낭만적인 상상을 하던 내 모습이 부끄러웠다. 조국을 위한 투쟁의 불꽃을 음악에 담아낸 그 숭고한 열정 앞에서 숙연해진다. 고난의 시간 속에서 음악은 위로를 뛰어넘어 민중의 목소리를 대변하는 힘이 되었다. 고통받는 민중의 침묵을 깨우고 공감시키며 군부독재에 항거한 테오도라키스의 불굴의 정신은 '진실은 우리를 행동하게 한다'는 그의 실천 정신과 예술 정체성을 실감 나게 한다.

그리스는 한국만큼이나 외세의 침략과 독재로 고통받았던 역사를 간직한 나라다. 유럽 문명의 산실로서 찬란한 유산을 남겼지만 그 이면에는 자연재해와 전쟁, 그리고 암울한 독재의 그림자가 드리워져 있었다. 한때는 유럽을 제패하고 인류 역사상 가장 먼저 민주주의를 꽃피운 문화 대국이었지만 근대 이후에 치열한 내전과 쿠데타의 무자비한 폭력 아래 신음해야 했다.

그리스 가곡은 4세기 동안 터키 지배를 받았던 시절과 2차 세계대전 중 나치 침략 때 불렀던 저항의 노래가 대부분이다. 「기차는 8시에 떠나가네」 역시 비장하고 애절한 민중의 마음이 은유적으로 표현된 저항의 노래다. 외세의 지배와 언론 탄압과 자유의 억압으로 가사가 구체적이지 못하고 분노와 슬픔을 간접적으로 표출할 수밖에 없었던 비극적인 역사는 이제 한 줄기 바람처럼 영영 사라지기를 간절히 바란다.

늦은 밤, 노래를 반복해 들으며 마셨던 커피 탓인지 잠이 오지 않는다. 창문을 열고 올려다본 밤하늘에는 구름 장막 속으로 별이

진 지 오래다. 어둠을 헤치며 달려가는 카테리니행 기차의 먼 기적 소리가 내 귓가에 들려온다. 그 소리는 이제 내 마음속에서 멈추지 않을 것이다.

흔흔향영 欣欣向榮

　　　　　　　　　　　이른 아침 고요한 시간에 한자 고사성어 펜습자를 쓴다. 만물이 초록으로 아우성치는 5월, 위대한 자연 앞에서 게으르고 미지근한 내 삶의 반성문을 쓰는 듯 펜을 든 손이 엄숙해진다. 사각사각 만년필 소리에 마음이 정화되는 기분이다. 손글씨를 쓸 일이 별로 없는 시대지만 오래전부터 고해성사하듯, 혹은 그림 그리듯 써보고 싶었던 야심이 있었다.

　펜습자를 뒤적이다 보니 '흔흔향영欣欣向榮'이라는 글자가 눈에 띄었다. 이 말은 초목이 무성하게 자란다는 뜻이다. 사업이 번창한다는 의미로도 풀이하지만 원래 도연명의 「귀거래사」에서 유래했다. 부귀와 명예를 좇는 삶과 달리, 자연 속에서 자유를 누리며 살겠다는 그의 선택이 떠오른다.

　덜덜 떨면서 정성을 들여 써도 글씨는 맘에 들지 않는데 초목이 무성한 계절에 어울리는 말이라서 그런지 흥미롭다. 자연은 스스로를 다듬으며 제때에 무성해지는데 나는 내 걸음이 더디다고 조바심을 내고 있지는 않은가? 도연명이 자연의 섭리를 따랐듯이 나도 마음을 비우고 수련하는 마음으로 부단히 연습해야겠다.

> 물오른 나무들은 싱그럽게 꽃 피우려 하고/
> 샘물은 졸졸 끊임없이 솟아 흐르네/
> 만물이 때를 얻음을 부러워하며, 내 삶이 그쳐감을 느끼노라/
> (木欣欣以向榮, 泉涓涓而始流. 羨萬物之得時, 感吾生之行休)

이 시에서 '흔흔향영'은 제철을 만나 무성한 초목과 중년의 나이에 접어든 도연명 자신의 삶을 대비하여 쓴 말이다. 젊은 시절에 벼슬을 했지만 혼란한 정치에 환멸을 느껴 결국 관직을 버렸다. 그는 다섯 말의 녹봉을 위해 머리 숙이기 싫어 낙향했다. 이후 '오두미지절五斗米之折'이라는 표현이 생겼고 이는 자존심을 버리고 작은 이익에 굴복하지 않겠다는 뜻으로 쓰였다.

도연명은 전원으로 돌아가 다섯 그루의 버드나무 곁에서 책을 읽고 시를 쓰며 지냈다. 스스로를 '오류선생五柳先生'이라 불렀는데 이는 그의 집 근처에 다섯 그루의 버드나무가 서 있었기 때문이다. 검소하고 한가로운 삶을 즐긴 그는 허름한 집에서도 불평하지 않고 "비가 새면 왼쪽으로 가고 또 새면 오른쪽으로 가면 된다"며 웃어넘겼다. 비록 가난했지만 그는 자신의 선택을 후회하지 않았다. 권세와 타협하기보다는 자연 속에서 자유를 누리는 길을 택한 것이다. 술을 사랑했지만 단순한 탐닉이 아니라 자연과 벗하는 방법으로 삼았다. 친구들에게 술 한 병을 부탁하며 편지를 보내기도 했다는 일화는 그의 소박한 인간미를 보여준다. 담백한 그의 삶처럼 기교를 부리지 않은 평범한 시풍은 당대에는 인정받지 못했으나 후대에 이르러 많은 시인들에게 영향을 미쳤다.

그의 옛집을 찾은 백거이(白居易, 772~846)는 다음과 같이 읊었다.

> 당신의 단지에 담긴 술이 그리운 것도 아니고/
> 줄 떨어진 당신의 거문고가 그리운 것도 아닙니다./
> 오직 명예와 이익을 버리고/ 산과 들에서 자유롭게 스쳐 간
> 당신이 그리울 뿐입니다.

백거이 역시 현실 정치에 대한 염증을 느끼고 벼슬을 멀리한 적이 있었다. 그는 도연명의 작품에서 묘사된 소박한 삶과 자연 속에서의 평온함을 자신의 이상과 동일하게 보았다. 그의 「도연명에게 바치는 시(寄陶潛)」에서도 이러한 감정을 드러냈다.

"나는 그대의 뜻을 따르고 싶다. 바람과 이슬 속에서 한가롭게 살고 싶구나."

시대의 귀인이 초야에 묻혀 재능을 쓰지 못한 것은 안타까운 일이지만 영혼의 자유로움을 선택한 한 인간의 정신 해방과 내면의 승리는 눈부시게 부러운 일이다. 남의 밥을 빌어먹을 만큼 가난해진다 해도, 나는 과연 부끄러워하지 않을 수 있을까? 권세와 타협하지 않을 용기가 있을까? 아마도 나날이 번영하는 삶을 향한 욕망을 쉽사리 떨쳐내지 못했을 것이다.

도연명은 62세에 세상을 떠나기 전, 살아 있는 동안 훗날의 자신에게 바치는 자제문自祭文을 썼다. 그는 이승의 삶을 '기우寄寓'라 하여 남의 집에 잠시 의탁하는 것이라 보았고 죽음을 '역려지관逆旅之館'이라 하여 이승에 잠시 머물던 여관에 비유했다. 술과 시, 거문고를 벗 삼아 안빈낙도하며 삶의 본질을 꿰뚫고 자연에 순응하며 자유롭게 살았지만 이승에서의 삶이 고달팠기에 "사후에도 그러면 어쩌나?"라고 걱정하는 제문 마지막 문장은 유난히 가슴을 울린다.

도연명은 관직을 그만두고 고향으로 돌아가며 그 소회를 「귀거래사」에 담았다. 인위적인 욕망을 버리고 자연의 이치를 따르며 가난 속에서도 도를 즐겼던 그의 철학은 시대를 초월해 깊은 울림을 준다. 천 년이 지난 지금도 이 글이 마음속에 오래 남는 이유는 무엇일까? 그가 선택한 자연 속 자유로운 삶은 복잡한 도시에 사는 현대인들에게 여전히 이상향으로 남아 있다. 그의 삶을 떠올리며 나는 오늘 무엇을 선택하고 있는가를 생각해 본다. 그는 명예와 부귀영화를 버리고 가난을 감수하면서도 신념을 지키는 길을 택했다. 삶의 본질은 소유가 아니라 존재에 있다는 진리, 이는 변하지 않을 것이다.

만년필로 한 구절을 노트에 옮겨 본다.

> 모든 것이 끝난다/ 우리 인간에게는
> 그렇게도 적은 시간이 허용되어 있을 뿐/
> 그러니 마음 내키는 대로 살자/ 애를 써서 어디로 갈 것인가?
> 나는 재물에 욕심이 없다/ 천국에 대한 기대도 없다
> 청명한 날 혼자서 산책을 하고/ 등나무로 만든 지팡이를 끌며
> 동산에 올라 오랫동안 휘파람을 불고/ 맑은 냇가에서 시를 짓고
> 이렇게 나는 마지막 귀향할 때까지
> 하늘의 명을 달게 받으며/ 타고난 복을 누리리라
> 거기에 무슨 의문이 있겠는가

- 피천득 번역, 도연명 「귀거래사」 중에서

존재의
이유

모두가 외출하고 텅 빈 집, 고요한 정적 속에서 모처럼 침묵을 즐긴다. 음악도 쉬게 하고 하루 종일 책에 파묻혀 있다가 문득 창밖을 보니 석양이 하늘을 붉게 물들이고 있다. 피로가 스며들며 머릿속이 서서히 부옇게 흐려진다. 눈을 감고 말러 교향곡 5번 4악장 '아다지에토'를 들으니 몸이 은하수를 지나 외계의 어딘가로 떠오르는 듯한 기묘한 감각이 밀려온다.

그 순간, 문득 스스로에게 묻게 된다. 나는 누구일까? 이루지 못한 지난날의 꿈들이 한 장씩 책장을 넘기듯 스쳐 지나간다.

원하던 대학 입시의 실패로 남은 상처는 내 스무 살을 우울하게 물들였다. 그때 엄마가 호루겔 피아노를 사주며 집 떠나는 걸 붙잡지 않았더라면 내 인생이 달라졌을까?

든든한 남자를 만나 결혼하고 아이를 품에 안았을 때 비로소 방황이 끝났다고 믿었다. 어린 시절 막연히 꿈꾸던 행복과는 사뭇 달랐지만 아이의 작은 손끝에서 따스하고도 단단한 삶의 의미가 전해졌다. 말로 다 설명할 수 없는 기쁨과 사랑이 내 안의 빈자리를 채워나갔다.

그러나, 삶은 여전히 묻는다. 정말 그것만으로 충분한가? 존재의 이유는 어디에 있는가?

존재에 대한 첫 의문은 열 살 무렵, 집에 혼자 남겨졌을 때 불현듯 찾아왔다. 해 질 녘 벽에 걸린 시계 초침 소리가 유난히 크게 들렸고 문득 거울을 보니 낯선 얼굴이 나를 응시하고 있었다. 그때 '나는 누구지?'라는 질문과 함께 이상한 두려움이 몰려왔다. 어디선가 괴이한 소음이 들리는 듯했고 나는 여기에 있으면서도 동시에 내가 아닌 것 같은 묘한 기분에 휩싸였다. 아주 짧은 순간이었지만 오랜 시간이 흐른 지금도 그때 느꼈던 낯선 그 감정이 잊히지 않는 이유는 무엇일까.

사춘기를 지나며 '나는 누구이며 왜 사는가?'라는 질문을 되새기게 되었고 막연한 두려움보다는 구체적인 고독과 우울감을 겪으며 삶의 회의를 품었다. 그것은 어디서 비롯된 것인지 알 수 없는 불안감이었기에 철학책을 읽으며 이유를 찾아보려 애썼다.

사르트르에 따르면 인간은 태어날 때부터 정해진 본질을 지닌 존재가 아니라 스스로 의미를 만들어 가는 존재라고 한다. 그는 이것을 "실존은 본질에 앞선다"고 표현했다. 즉, 우리는 무엇이 되기 위해 태어나는 것이 아니라 살아가며 선택하고 행동함으로써 비로소 '자신'이 되어간다는 것이다. 그 말에 처음 공감했던 것은 내가 느꼈던 막연한 불안과 허무감이 단순한 감정의 문제가 아니라 실존적 자각의 한 형태였기 때문이다. 삶의 이유를 어디서도 쉽게 찾을 수 없었던 나는 어쩌면 그 이유를 '밖'이 아니라 '내 안'에서 만들어야 한다는 사실을 서서히 받아들이기 시작했다.

그러나 자유롭게 선택할 수 있다는 사실은 오히려 새로운 불안을 낳기도 했다. 어떤 길을 선택하든 그 결과에 대한 책임은 고스란히 나에게 돌아오기 때문이다. 그래서일까, 철학책 속 문장들 사이에서조차 내가 누구인지 선명하게 마주하기란 쉽지 않았다. 그럼에도 불구하고 나는 질문을 멈출 수 없었다.

성인이 되어 해외살이를 오래 한 나는 비행기를 타고 3만 피트의 공중으로 떠오를 때 지상의 불빛들이 비현실적으로 보였다. 내가 하늘을 밟고 서 있는 듯한 착각에 빠졌다. 모든 것이 선명하지 않은 꿈속처럼 느껴졌다.

쿠웨이트에서 두바이 공항을 거쳐 12시간 만에 서울로 돌아왔을 때는 마치 별세계에서 현실로 급격히 추락한 듯한 아득함이 몰려왔다. 익숙했던 서울은 낯설었고 우리집 거실은 납작해진 듯 했으며 안방의 침대는 땅 밑으로 꺼질 듯 가라앉아 보였다. 익숙했던 공간에서조차 이방인이 된 것 같았다.

카뮈의 『이방인』에서 묘사된 고독과 부조리가 떠올랐다. 물론 뫼르소처럼 자기 삶의 한복판에 있으면서도 그것을 전혀 자기 일처럼 느끼지 못하는 극단적인 고독과는 다르겠지만 냉장고를 멍하니 들여다보거나 커피머신의 검은 액체가 무엇인지 한참 떠올리지 못한 적도 있었다. 한동안 주변 세계와 단절된 듯 불안을 느꼈다. 그것은 그저 시차 때문이었을까, 아니면 내가 나 자신을 잃어버린 순간이었을까.

하지만 단순한 생리적 반응으로 설명할 수 없는 것이 있었다. 나는 단순히 공간을 이동한 것이 아니라 존재의 근본이 뒤흔들리는 듯한 감각에 사로잡혔다. '인간은 본질이 없기에 자유롭다'라는 사르트르의 말처럼 그 순간의 나는 본질 없는 자유가 아닌, 방향이 없는 방치 상태에 가까웠다. 『구토』의 주인공 '로캉탱'처럼 일기를 쓰며 의미를 탐구했지만 나는 고장난 시계처럼 멈추어 섰고 세계는 무의미하게 흘러갔다.

만약 내가 카메라나 필통처럼 미리 정해진 본질을 지닌 존재였다면 적어도 누군가는 내게 의미를 부여하고 나를 도구로 사용할 수도 있었을 것이다. 존재의 무의미함과 무력감은 한참 후 시차에 적응하고 나서야 마술이 풀리듯 사라졌다. 하지만 그 감각은 마음

속에 까끌한 모래알처럼 남아 때때로 나를 멈춰 세운다.

사르트르는 독일 점령기 프랑스에서 무력 대신 글쓰기로 저항함으로써 사유와 실천을 일치시키려 했다. 카뮈는 인간이 부조리를 피할 수 없는 현실로 받아들이면서도 이에 맞서 살아가야 한다고 주장했다. 그는 의미 없는 세계에서도 굴복하지 않는 태도를 '반항'이라 정의했다. 인간은 부조리를 극복할 수 없지만 그에 맞서 반항하는 자만이 진정한 의미를 찾을 수 있다고 보았다.

사르트르와 카뮈는 부조리와 자유에 대한 공통된 문제의식을 공유하면서도 인간의 대응 방식에서 차이를 보인다. 카뮈는 '반항'을, 사르트르는 '선택'을 강조했다.

결국 이들의 사유는 "인간은 어떻게 살아가야 하는가?"라는 질문으로 모아진다. 인간은 주어진 본질을 따르는 존재가 아니라 선택과 태도를 통해 존재의 의미를 새겨 넣는 존재다.

어린 시절의 낯선 감각, 사춘기 시절의 방황. 그리고 성인이 되어 맞닥뜨린 무력감은 사르트르의 실존주의와 카뮈의 부조리를 나의 삶 속에서 겪었던 시간이었을지도 모른다. 어린 시절 '나는 누구인가?'를 고민했다면 성인이 되어서는 '나는 이 무의미한 세계 속에서 어떤 태도를 취해야 하는가?'에 방황을 한 것 같다. 결국 내가 찾는 것은 '존재의 이유'가 아니라 그것을 만들어가는 나만의 방식일지도 모른다.

　세계는 우리에게 의미를 부여하지 않는다. 사르트르가 말했듯 우리는 의미를 창조해야 하며 카뮈처럼 부조리를 인정하면서도 포기하지 않아야 한다.
　나는 무의미한 삶에 굴복하지 않고 반항하며 살아가고 있는가? 아니면 반항이라는 이름 아래 방황하고 있는 것은 아닐까? 그 안에서 내가 진정 자유롭게 의미를 창조하고 있는지 스스로에게 계속 묻고 있다.
　나는 이제 존재의 의미가 주어지는 것이 아니라 스스로 만들어가야 함을 안다. 그리고 그 길 위에서 계속 질문하며 나아갈 것이다. 어쩌면 그 질문 자체가 내가 존재하는 이유이며 부조리한 세계 속에서도 나를 움직이게 하는 힘이기 때문이다.

꿈은 신의
선물일까

　　　　　　　　　　　우리 집에선 내 꿈이 꽤 인정받는 편이다. 꿈이 좋으니 오늘 시험을 잘 볼 거다, 혹은 나쁜 꿈이니 찻길 조심, 말조심도 하라고 해몽하면 귓등으로 듣는 척하면서도 가족들은 은근히 믿는 눈치다.

　내 꿈의 단골손님은 돌아가신 외할머니와 친정어머니다. 그분들이 꿈에 보이면 좋은 일도 생기지만 조심하라는 신호일 때도 많았다. 특히 외할머니 꿈이 잘 맞았는데 느낌이 안 좋으면 구설에 휘말려 맘을 다치거나 아끼던 접시 한 개라도 깨졌기에 항상 신경이 곤두섰다. 그래서 최대한 꿈땜을 하려고 엉뚱한 사람에게 시비를 걸거나 값싼 그릇을 일부러 깨뜨리기도 했다. 그렇게 하면 맘이 좀 놓였다. 하지만 이렇게 꿈에 휘둘리는 내가 가끔은 우습기도 하다.

　『동의보감』에서는 꿈을 혼백이 사물과 작용하는 것으로 보고 외부의 사물에 정신을 빼앗기지 않는다면 꿈을 꾸지 않는다고 했다. 도를 깨우친 진인眞人은 꿈을 꾸지 않는다는데 그렇다면 나도 꿈을 꾸지 않으려면 도를 닦아야 할까?

신혼 초에 외할머니가 쌍둥이로 나타나는 꿈을 꾸고 횡재를 한 적이 있다. 함께 영화를 보고 있는데 갑자기 큰 쌀자루가 터지더니 하얀 쌀알들이 공중으로 분수처럼 흩어졌다. 다음 날 우리가 갖고 있던 주식 하나가 상한가를 쳐서 두 배로 이익을 챙겼는데 우리가 팔고 나자 그 종목은 폭락했다.

친정엄마가 살던 시골 빌라 전셋돈을 1년 넘게 못 받고 있을 때도 예지몽을 꾸고 해결한 적이 있다. 계약기간이 끝나 집을 비워준 지 오래인데 집주인은 보증금을 돌려줄 생각이 없어 보였다. 생전의 어머니와 친분을 생각하여 강하게 대응하지 못했는데 법원에 가서 소송하는 절차를 알게 되어 실천에 옮겼다.

그 후, 이상한 꿈을 꾸었다. 한쪽 발꿈치 살점이 탁구공만큼 떨어져 나갔지만 피는 나지 않았다. 걱정스레 들여다보니 네모난 살점에 투명한 공이 박혀 있고 그 안에는 파란색의 뭔가가 들어 있어 달각달각 소리도 났다.

깊은 고민이 해결될 징조였을까? 꿈을 꾼 다음 날, 놀랍게도 꿈쩍도 않던 집주인이 시골에서 올라왔다. 그는 법적으로 붙은 이자를 조금이라도 깎아 달라며 머리를 숙였고 마침내 보증금을 돌려받을 수 있었다.

 가장 인상적인 꿈은 친정어머니 사십구일재四十九日齋 때의 일이다. 그때 나는 가족과 함께 베트남에 있어 참석하지 못했다. 꿈에 어머니가 내가 사는 아파트에 오셔서 "전이 없으면 닭고기라도 놔야지"하고 접시에 담긴 하얀 백숙을 한참 바라보셨다. 어머니가 한 말이 신경 쓰여 언니에게 알렸더니 깜짝 놀라며 기독교식으로 간단하게 했으며 전은 준비 못했다고 했다. 그 일 이후로 지금도 제사 때면 꼭 세 가지 이상의 전을 정성껏 부쳐 제상에 올린다.
 최근에는 오래전에 돌아가신 친정엄마가 굵은 대파를 한 아름 안겨주는 꿈을 꾸고 평론 당선 소식을 들었다. 파를 받는 꿈은 노력한 일에 성과가 생기고 운이 상승하는 길몽이라는 해몽이 있었다. 식구들은 다시 나를 '꿈쟁이'라며 놀렸다. 당선 소감에 꿈 이야기를 썼다.
 "늦은 밤, 글 이랑마다 엄마도 애를 태우고 계셨나 보다"라고 덧붙이니 새삼 그리움이 밀려왔다.

 프로이트는 꿈을 '무의식으로 들어가는 길'이라 말했다. 꿈은 무의식의 세계에서 펼쳐지는 향연이자 우리 내면의 현실이다. 그는 꿈이 이루어지는 방식을 '꿈작업(dream-work)'이라 정의했다. 소망을 성취하기 위해 시간과 공간을 재구성하고 최근의 인상과 어린 시절의 기억을 쪼개고 붙여 새로운 장면을 만들어낸다는 이론에 깊이 공감한다.

  꿈은 무의식의 향연이지만 때로는 미래를 예견하고 우리에게 신호를 준다. 결국 우리는 그 꿈을 어떻게 해석하느냐에 따라 다른 길을 선택하게 된다. 미래 예지와 미래 투시, 경고와 영적 교감까지 들어있는 꿈은 나약한 인간에게 신이 내려준 선물이 아닐까? 좋은 꿈이든 나쁜 꿈이든 닥쳐올 일들을 미리 대비하게 해주고 희망을 주기도 하니까 말이다.

송소고택과
객주문학관

가을비가 촉촉이 내리는 어느 날, 문우들과 함께 조선시대의 흔적을 찾아서 청송으로 떠났다. 우리의 첫 여행지는 조선 영조 때 만석의 부를 9대나 누렸다는 심부잣집 '송소고택'이었다. 조선시대 만석꾼은 얼마나 부자였을까?

'국가 지정 중요 민속자료 250호'인 이 고택은 심처대의 7대손인 송소松韶 심호택이 1880년대에 지은 전통 한옥이다.

서울에서 4시간을 달려서 140년 된 전통 한옥 앞에 도착했을 때는 비도 그치고 하늘이 맑았다. 날아갈 듯한 기와지붕 솟을대문이 시선을 사로잡는다. 평생을 캡슐 같은 아파트에 갇혀 살다 보니 한옥은 보기만 해도 설렌다.

둥근 능선의 산속 울창한 숲을 배경의 고택은 오랜 세월을 품고 있지만 후손이 실제 거주하며 관리를 잘해서 그런지 고택 느낌이 없고 자연스럽고 친근하다. 넓은 마당으로 들어서자, 오른쪽 행랑

채 맞은 편에 지붕을 얹은 담이 하나 나타난다. 큰 사랑채와 안채 사이를 분리해 주고 길손이 안채를 들여다보지 못하도록 만든 이 내외 담은 사람의 키를 넘기고 있다. 이 '헛담'을 지나면 중문 간채가 정면으로 보이는데 좌우에 각기 큰 사랑채와 작은 사랑채가 일렬로 배치되어 있다.

안채는 전체적으로 영남지방 특유의 ㅁ자형 구조로 정면에 6칸, 측면은 3칸인데 삼각형의 합각벽이 생기는 팔작八作지붕을 얹었다. 옆의 황토집은 솔거노비 즉 몸종들이 사는데 양반이 아니라서 쪽마루가 없다. 반듯한 안마당과 부엌 쪽에 있는 우물과 큰 장독대들 그리고 잘 꾸며진 화단 등이 정갈한 게 살림이 얼마나 넉넉한 집인지 가늠이 된다. 안채 우측에 방앗간도 별도로 지었는데 지붕이 유일하게 볏짚인 이유가 방아를 찧을 때 울림으로 기와가 떨어질 염려가 있기 때문이라고 한다. 곳간도 안채의 부속 건물이 아니라 대문 우측에 별도로 마련되어 있고 안채 담장 밖에는 시집갈 나이의 딸이 머무는 별당이 있다. 그 옆에는 별당을 보좌하는 문간방도 보이니 99칸 양반집 규수는 공주도 부럽지 않았을 것 같다.

송소고택은 사랑공간, 생활공간, 작업공간 등 독립된 공간 기능이 돋보이는 조선 말기의 부농 주택의 특징을 잘 보여준다. 4대 이상의 제사를 모실 수 있는 별묘도 있어 민속학적 가치가 매우 높은 곳이다. 집안 곳곳에 우물이 있고 건물에 독립된 마당이 9개나 있어 모퉁이만 돌면 큰 나무들과 꽃들이 여기저기 피어있으니 여유로운 궁전처럼 아름답다.

송소고택의 크기는 담으로 둘러친 대지만 2300평에 이른다. 민가로서 최대 규모인 7동 99칸의 송소고택 만석꾼은 현대 가치로 따지면 1년 소출이 얼마나 될까? 쌀 20킬로그램를 요즘 시세로 6만 원으로 치면 80킬로그램 한 가마니가 24만 원, 만석이면 24억이니 1달 수입이 2억이다. 9대에 걸쳐 2만석꾼도 부지기수였다니 오늘날 손꼽는 재벌인 셈이다. 부자는 3대를 넘기 힘들다는데 조상들이 전생에 무슨 음덕을 그리도 많이 쌓았기에 오랜 세월 대대손손 부귀영화를 누렸을까? 궁전 같은 집에서 그들은 고민 없이 살았는지, 늘 행복하기만 했을지 궁금하다.

지금도 불을 땔 수 있는 아궁이가 있어 관광객들이 하룻밤 묵을 수 있다니 언젠가 나도 심 부잣집 주인인 양 안채에서 특별한 추억을 만들어 보고 싶다. 송소고택에서의 여운을 간직한 채 우리는 조선 후기 장터의 이야기가 담긴 객주문학관으로 발걸음을 옮겼다.

저녁 무렵 청송군 진보면에 있는 객주문학관에 도착했다. 2014년 폐교된 진보 제일고 건물을 개축해 만든 객주문학관은 김주영 소설 『객주』 테마 전시관이다. 유명 작가의 고향에 문학관 형태의 기념관이 세워진 경우는 많지만, 특정 소설가의 특정 작품의 무대로 재현한 첫 사례라고 한다.

대하 장편 소설 『객주』는 19세기 조선, 세상이 격변의 소용돌이에 휘말리고 있을 때 그 중심에 있었던 상인들의 이야기다. 당시 치열했던 상업 세계 와 그 안에서 인간 군상들의 뜨거운 삶의 애환을 고스란히 녹였다.

입구에 아기를 업고 광주리를 머리에 인 아낙과 패랭이 모자에 등짐 지고 지팡이를 든 지아비 보부상이 객주문학관 마당을 지키고 있다. 단순히 돈을 좇는 상인이 아닌 의리의 주인공 '천봉삼'이 떠오른다. 패랭이 모자 양쪽에 방울처럼 붙인 하얀 목화는 위급 시에 상처 치료나 화약에 불붙이는 심지의 용도라고 하니 조상들의 지혜가 대단하다.

넓은 마당 한쪽에 강연이나 공연을 할 수 있는 무대가 마련되어 있는 게 눈에 띈다. 초록 잔디밭과 멋들어진 청송 나무들, 크고 작은 꽃들을 심어 아름답게 조성한 공원이 한적하고 여유로워 오래 머물고 싶었다.

이른 아침 창문을 여니, 호호 호이오~ 꾀꼬리 울음소리가 맑고 청량하게 들린다. 얼마 전 이른 아침에 집 뒤의 숲에서도 들었던 그 새를 청송에서 만나니 반가웠다. 끌리듯 정원으로 나섰다. 객주 문학관 건너편 담벼락에 탐스럽게 핀 접시꽃도 새 소리가 좋은지 살랑살랑 몸을 흔든다. 황조가에 나오는 저 꾀꼬리는 그 옛날 보부상들을 따라 다녔을까?

샌드위치와 커피로 간단히 아침을 먹고 넓고 깨끗한 숙소 위 3층, '김주영 작가실'로 갔다. 6척 장신의 미남, 김주영 작가의 서 있는 사진이 문 앞에서 웃으며 맞는다.

대하소설 『객주』는 1979년 6월부터 5년간 1465회에 걸쳐 『서울신문』에 연재한 베스트셀러다. 어떤 역사책에도 기록되지 않은 보부상들의 이야기는 「장사의 신-객주 2015」라는 대하드라마로 제작될 만큼 큰 인기를 끌었다.

전시실에 들어서니 작가가 막걸리 주전자를 놓고 취재하는 모형이 실감 난다. 그 뒤편에 체크 남방을 입은 작가가 주막집에서 글을 쓰다 팔베개로 누워 있는 장면은 너무 실제 같아서 깜짝 놀랐다. 『객주』를 연재하는 5년 동안 집에는 한 달에 열흘도 머무르지 못했기에 '길 위의 작가'라는 별명을 이때 얻었다고 한다. 길 위에서 벌어지는 의리와 배신, 복수와 치정을 좀 더 생생하게 전달하기 위해 김주영 작가는 연재 시작 전 약 5년간 전국의 200여 개의 장터를 누비며 직접 취재에 나섰다는 일화는 정말 흥미롭다. 장터에서 유년기부터 장돌림을 하는 장꾼들의 치열한 삶을 보면서 자란 영향도 있었다. 작가가 전국을 유랑하며 짐을 줄이기 위해 펜촉도 가늘게 뒤집어서 깨알 같은 글씨로 쓴 원고 노트는 감탄사가 절로 난다. 워낙 서체도 좋은데 교열이 정교하니 비뚤어진 글자도 그렇게 정갈하고 멋질 수가 없다.

『객주』의 시대적 배경은 1870년대부터 임오군란, 갑신정변 등 조선 말기의 가장 극적인 변혁기였다. 작가가 녹음기를 들고 전국 장터에서 생생한 말투를 수집했기에 잊혀가는 우리말들의 아름다운 표현과 묘사들만으로도 읽어볼 가치가 충분하다.

2층 '소설 객주실'로 내려가니 울창한 숲이 보이면서 으르렁거리는 호랑이 울음 음향이 섬뜩하게 울린다. 옛날 보부상들이 짚신을 신고 험한 산을 넘을 때 얼마나 무서웠을까. 규율을 어긴 동료를 멍석말이해서 몽둥이로 때리는 장면의 모형과 주막집 풍경 등이 눈에 띈다. 이곳에는 작품 관련 전시와 보부상들의 활동상 그리고 후기 조선의 상업 사회를 엿볼 수 있는 조형물들이 전시되어 있다. 지게, 저울, 멍석, 사발, 목침, 저고리 등 보부상 도구부터 서민들의 생활상과 물품 거래 수표, 어음, 산가지를 이용한 그 시대의 계산법까지 모형으로 제작하여 교육적으로 도움이 되는 자료가 많았다. 옛 보부상의 도구들을 보니 그들의 삶의 무게와 고단함이 손끝으로 전해지는 듯했다.

  객주문학관은 『객주』라는 문학작품을 기념하는 공간을 넘어 조선 후기 상업사와 문화, 문학적 가치를 재조명하는 중요한 역할을 수행하는 곳이라 할 수 있다.

  송소고택에서 만난 조선시대의 삶은 객주문학관으로 이어지며 더욱 생생한 이야기로 깊어졌다. 개화기와 일제강점기를 지나면서 수송 수단의 발달로 인해 대부분 보부상은 역사의 뒤안길로 사라졌지만 그들이 남긴 흔적은 오늘날에도 우리 곁에서 이야기를 속삭이고 있다. 객주 문학관은 영원히 남아서 그 옛날, 길 위의 이야기를 전해주리라.

2부 달을 향한 사다리

달을 향한 사다리

라스베이거스와 세 친구

봄의 두 얼굴

계절의 눈물, 아다지오

가을날의 유서

찬란한 생의 광시곡, 차이콥스키 『비창』

프롬나드의 매력, 『전람회의 그림』

우리 결혼 졸업했어요

분초사회와 육각형 인간

달을 향한
사다리

　　　　　　　　　　가을이 석양빛으로 번져가는 시월의 어느 날이었다.
"산타페에 가서 오키프를 만나고 싶어. 오래전부터 꿈꾸던 일이야!"
전화기 저편에서 들려오는 친구 Y의 목소리는 막 물든 단풍처럼 상기되어 있었다. 둔감한 일상에 파묻혀 지내던 나는 문득 '조지아 오키프'를 검색했다. 강렬한 색채로 살아 숨 쉬는 듯한 커다란 꽃 그림들이 내 가슴 속에서 무엇인가 솟아오르게 했다.
'꽃과 사막의 화가'로 불리는 조지아 오키프(Georgia O'Keeffe. 1887~1986)는 20세기 미국의 대표적이며 독보적인 화가였다. 꽃과 동물의 머리뼈, 사막, 산 등 자연을 확대한 도발적인 그림들이 신비롭고 아름다웠다. 단순한 자연을 재현하는데 그치지 않고 인간의 내면을 탐색하는 질문처럼 느껴졌다. 그녀의 화폭은 감정과 감각을 추상적으로 풀어내는 현대미술의 흐름과도 맞닿아 있다.

오키프가 말년에 그렸다는 그림 한 점이 눈길을 사로잡았다. 청록색 하늘 아래 사다리 하나가 공중을 날아가고, 저 멀리 작은 반달이 떠 있는 그림이었다. 제목은 「달을 향한 사다리」.

그녀의 추상적이고 환상적인 화풍과는 사뭇 다른 분위기였으나 여전히 그녀만의 독창적인 미술 세계를 선명하게 드러내는 중요한 작품이다. 초월적이며 상징적인 이미지로 평가받는 이 그림에 대해 그녀가 전하는 말에 묘한 감동이 밀려왔다.

"저 사다리는 오랫동안 내 마음속에 있었다. 나는 그 사다리를 이제 그림 속에 내려놓을 때가 되었다."

사다리는 보이지 않는 날개라도 있는 듯 검은 산의 능선을 넘어 하염없이 달을 향해 날고 있었다. 꿈속인 듯 초현실적인 장면이지만 단순하면서도 강렬한 구성은 내 안의 감정을 조용히 흔들어 놓았다. 문득 나 역시 그런 사다리를 마음속 어딘가에 품었던 것 같은 생각이 들었다. 희미한 기억 저편, 어쩌면 오래전에 잃어버린 꿈의 조각을 찾아 그리움이 아득하게 밀려왔다.

며칠 후 믿기지 않게도 나는 Y와 함께 뉴멕시코주의 산타페로 가는 비행기에 올랐다. LA에 살고 있는 친구 K와 셋이 오래전에 약속했던 여행이 실현되는 순간이기도 했다.

오키프의 열렬한 팬인 Y의 요청으로 우리의 첫 번째 여행지는 산타페Santa Fe가 되었다. 세 친구는 LA 공항에서 상봉하여 아메리칸 항공을 타고 미국 남서부의 피닉스를 거쳐 산타페 공항에 내렸다. 그렇게 작고 소박하면서도 독특한 공항이 또 어디에 있을까? 어도비 양식의 네모난 황토색 공항 건축물이 무척이나 인상적이었다. 어도비Adobe는 스페인어에서 유래한 단어로 짚과 진흙을 섞어 만든 전통적인 건축 재료를 뜻한다. 낮고 평평한 지붕, 둥근 모서리와 부드러운 곡선이 특징이다. 분명 그곳은 미국 땅이었지만 '뉴멕시코'라는 이름처럼 전혀 다른 세계에 온 듯한 느낌이었다.

미국에서 가장 높은 곳에 있는 뉴멕시코주는 황량한 사막이다. 19세기 중반부터 남서부의 높이 솟은 사막의 풍경과 강렬한 햇빛에 매료되어 수많은 예술가가 이주해 왔다. 공항에서 우버를 타고 30분쯤 달렸을까. 불그스름한 황무지를 지나자 '조지아 오키프 뮤지엄'이 있는 산타페 시내가 모습을 드러냈다. 작은 도시를 감싸는 짙은 코발트빛 하늘이 손에 잡힐 듯 가까웠다.

산타페는 스페인어로 '거룩한 믿음'이란 뜻을 가진 400년 된 역사의 도시다. 수천 년 동안 살아온 푸에블로 인디언들은 이곳을 '햇살이 춤추는 땅'이라 불렀다. 이 도시는 건축할 때 무조건 어도비 양식으로 지어야 하는 규정이 있다. 작은 창문과 지붕 위 출입구가 인상적인 이 흙집들은 야수와 외적의 침입을 피하기 위해 고안된 원시적 구조다. 높은 건물은 드물고 나무 들보가 밖으로 튀어나오고 모서리가 뭉툭한 어도비 흙집들이 한국의 옛 시골집을 연상케 하여 매우 친근하고 정겨웠다.

따뜻한 기후와 예술적인 풍광 덕분인지 거리를 걷는 여행자들의 발길도 끊이지 않았다. 무성한 관목 덤불과 돌밭이 이어진 산타페의 풍경은 마치 먼 과거의 세계를 걷는 듯 원형 그대로였다. 아마 그 거친 아름다움이 예술가들에게 깊은 영감을 주었으리라.

조지아 오키프 뮤지엄

조지아 오키프 미술관은 산타페 시내 한복판에 있었다. '위대한 미국의 예술가'란 글자와 함께 오키프의 작품 「가을 나무-단풍」이 뮤지엄 벽면을 장식하고 있었다. 오랫동안 오키프를 마음속에 품고 사랑해 온 Y는 문 앞에 서자 눈물을 글썽였다. 나는 그 감동의 찰나를 조심스럽게 카메라에 담았다.

"나는 곧 그곳을 사랑하게 되었다. 그 이후 줄곧 그곳으로 돌아가는 여정 가운데 있었다."

오키프가 뉴멕시코의 사막을 처음 본 날 남긴 말이다. 친구도 아마 그런 비슷한 마음이었을까. 그 순간, 내 마음에도 잔잔한 파문이 일었다.

어도비 양식의 소박한 외관과는 달리 미술관 내부는 3천여 점에 달하는 작품들로 빼곡했다. 책으로만 접하던 작품들을 실제로 마주하니 감회가 새로웠다. 「깃대」(1925)와 「검은 접시꽃과 파란 참제비고깔」(1929) 앞에서 우리는 웃으며 사진을 찍었다. 나는 「깃대」가 특히 좋았다. 조지 호수 근처, 스티글리츠와 함께 보냈던 행복한 시절을 떠올리게 하는 그 그림은 단순하지만 평화로웠다. 그러나 그 시절이 오래가지 못했다는 것을 우리는 알고 있다. 23살 연상이자 유부남이었던 사진작가 스티글리츠는 그녀를 발굴하고 세상에 알렸지만 동시에 외도로 깊은 상처를 남겼다.

뉴욕을 거점으로 활동하던 오키프는 결국 뉴멕시코의 사막으로 향했다. 사막의 빛과 고원의 협곡 거친 바람 속에서 그녀는 자신의 길을 다시 그려나갔다. 병마와 우울, 배신의 고통을 그림으로 승화시킨 그 시절에 오히려 그녀는 가장 왕성한 창작을 이어갔고 마침내 미국 현대미술의 정점에 올랐다.

Y가 가장 좋아한다는 「암소 머리뼈와 옥양목 장미」 앞에서 우리는 셋이 함께 포즈를 취했다. 오키프는 동물의 뼈에 대해 이렇게 말했다.

"살아 있는 동물보다 훨씬 더 살아 있는 것처럼 느껴졌다."

그녀가 수집한 뼈들은 단지 사막의 상징물이 아니었다. 생존과 죽음, 고요함과 강인함이 공존하는 자연 그 자체의 언어였다.

개인 소장 표지가 붙은 그림은 사진 촬영이 금지되어 있었다. 작품 감상에 몰두하는 우리가 인상적이었는지 주변이 한산해지자 감시원이 갑자기 "어서 빨리 찍어요"라고 말했다. 우리는 첩보원처럼 빠른 동작으로 셔터를 눌렀다. 사진 한 장에 담긴 그 순간은 우리만의 비밀스런 추억이 되었다.

남편이 세상을 떠난 후, 오키프는 산타페 인근 사막에 은거하며 고요히, 그러나 강렬하게 그림을 그려나갔다. 그녀의 손끝에서 탄생한 명작들은 결국 이 광산촌 도시에 미술관을 세우게 했고 산타페는 예술 도시로 거듭났다.

유네스코는 2005년에 이곳을 '창조의 도시'로 지정했다. 오키프의 예술은 지금도 그곳에서 기념되고 있다. 그녀의 화폭이 보여준 자연과 인간의 교감은 예술가뿐 아니라 삶의 균형을 탐구하는 모든 이들에게 깊은 영감을 남긴다.

아비키우에서 만난 '달을 향한 사다리'

늦은 밤까지 이어진 와인 파티와 이야기 잔치로 피곤했지만 아침 알람 소리에 우리는 거짓말처럼 벌떡 일어났다. 렌터카에 기름을 가득 채우고 우리는 오키프가 말년에 살았던 시골 마을 아비키우Abiquiu로 향했다. 박물관에서 입체 사진과 영상을 통해 사계절 모습을 감상했지만 이제는 그녀의 집을 직접 보고 싶었다. 1998년, 미국 역사 기념물로 지정된 '조지아 오키프 하우스와 작업실'은 2006년에 조지아 오키프 미술관 부속으로 변경되었다.

산타페에서 북쪽으로 1시간 정도 달리면 우리의 목적지가 나와야 하는데 내비게이션이 엉뚱한 길로 우리를 인도했다. 교회가 보이는 마을을 지나 작은 개울을 건너고 산중 마을 몇 곳을 헤맸다. 한참을 돌아서야 아비키우로 가는 길을 놓쳤다는 사실을 깨달았다.

레스토랑 팻말 안으로 들어가서야 오키프의 집으로 안내해 주는 사무실을 찾아냈다. 관광 시간을 체크하고 레스토랑에서 여유롭게 식사를 마친 뒤 한숨 돌리고 있었는데 문제가 생겼다. 오키프 뮤지엄 웹사이트에서 예약한 사람만 입장이 가능하다는 사실을 미처 몰랐다. 체격이 크고 다정해 보이는 중년의 직원은 처음엔 상냥하더니 예약이 되지 않았다는 사실을 알게 된 후 단호하게 입장을 거절했다. 당황한 우리는 우왕좌왕하며 어떻게 할지 몰랐다. 그런데 몇 분 뒤 믿을 수 없는 일이 벌어졌다. 우리 셋만 입장하라는 허락이 떨어진 것이다. 그 순간은 마치 오키프가 우리를 반기듯 길을 열어준 것 같았다.

시간이 되어 예약자들과 함께 봉고차를 타고 구불구불한 길을 따라 오키프의 집으로 향했다. 시골 풍경은 너무 고요하고 한적해서 쓸쓸한 느낌이 들었다. 오키프는 어떤 외로움도 친구 삼을 줄 알았기에 진정한 예술가로 태어난 것인지도 모른다.

　오키프의 집 철제 대문은 활짝 열려있었다. 두부를 자른 듯한 황토색의 뭉툭한 네모반듯한 건물에 통유리창이 인상적이었다. 대문을 지나 안뜰로 들어서자 그녀의 그림에서 자주 등장하는 검은 부엌문이 눈에 들어오고 마당 외벽에 패더널산을 배경으로 사다리가 하늘을 향해 놓여 있었다. 그 사다리는 내가 꼭 보고 싶었던 작품「달을 향한 사다리」의 모델이 아닌가! 파란 하늘을 배경으로 황토벽에 기대선 그 사다리를 직접 만져보았다. 마치 오키프의 영혼과 열망이 손끝을 타고 전해지는 듯한 꿈같은 순간이었다.

　위대한 예술가로서 명성을 떨친 그녀는 스스로 황량한 사막으로 유배를 떠났다. 집 앞의 패더널산을 수없이 그리며 밤이면 사다리를 타고 지붕에 올라 밤하늘을 올려다보았을 것이다. 오키프는 사다리를 인간과 우주, 현실과 영혼을 연결하는 매개체로 삼아 이상을 향한 인간의 의지를 표현했다. 그 사다리는 인간의 욕망과 끊임없는 노력뿐만 아니라 자유를 추구하는 그녀의 소망을 담고 있었다. 오키프의 사다리는 뉴멕시코 인디언들이 믿었던 신성한 우주적 힘과 연결된 사다리와 닮았을 것이다. 인디언들은 사다리를 영혼을 하늘과 연결하는 중요한 매개물로 여겼다. "그림 속에 두겠다"는 말은 이제 모든 욕망을 내려놓고 자유롭고 싶다는 그녀의 진심 어린 고백이었을 것이다.

젊은 여자 안내원을 따라서 마당 오른쪽에 있는 화실로 들어갔다. 삶이 얼마 남지 않았을 때 시력이 다할 때까지 붓을 놓지 않았다는 황토색의 뭉툭한 집, 그 화실에는 주인이 없어도 관광객들이 매일 북적였다. 창가에는 오키프가 사막에서 주워온 차마Chama 강 계곡의 둥글한 돌들과 들소 해골, 그리다 남은 물감과 붓이 단정하게 놓여 있었다. 한쪽 전면이 통유리여서 저 멀리 사막의 풍경이 한눈에 들어왔다. 매일 아침 태양이 떠오르면 그림을 그리러 나간 그 사막이다. 전망 좋은 안쪽 침실도 하얀 시트와 하얀 옷장 등이 정갈하게 꾸며져 있었다. 불필요한 것이 하나도 없는 그 방은 그녀의 그림처럼 절제되어 있고 뭔가 알차고 견고했다.

오키프는 낡은 벽돌집을 사서 3년 동안 수리할 정도로 아비키우의 집에 대한 애착이 깊었다. 안뜰 벽에 난 어두운 문에 매료되어 「안뜰에서」 「검은색 문이 있는 앞마당」 「내 마지막 문」 「구름과 앞마당」 등의 작품을 남겼다.

바깥마당에서 좁은 틈을 지나 뒤편의 벽으로 이어진 공간에 들어가니 단순하면서도 널찍한 거실과 부엌이 펼쳐졌다. 찻잔, 접시, 냄비 등 집기들은 흰색 톤으로 깔끔하게 정리되어 있었다. 정돈된 모습과 색의 통일감은 마치 또 하나의 작품처럼 보였다. 무엇 하나 허술함도 빈틈도 없이 완벽에 가까웠다. 단순하고 명료한 미학으로 완성된 그녀의 집은 마치 그녀의 작품 세계를 닮은 듯했다.

채소를 키우는 정원을 좋아했던 그녀의 뒷마당 밭에는 물이 마른 호스와 빈 고랑이 마치 화석처럼 남아 있었다. 아름드리 정원수들은 그녀의 추억을 들려주고 싶어 하는 듯 작은 바람에도 살랑거렸다.

"나를 최고의 여성 화가라고 말하지만 나는 '최고의 화가 중 하나'입니다."

뒤뜰을 돌아 나오며 맑고 강한 그녀의 목소리가 들리는 듯했다. 그녀는 자신의 독특한 예술관에 충실하며 관습과 속박에서 벗어난 자유로운 영혼의 미술가였다. 뉴욕 현대 미술관에서 회고전을 연 최초의 여성 화가, 자신의 이름을 딴 미술관을 갖는 영예를 누린 최초의 여성 화가, 미술 경매에서 최고가를 기록한 여성 화가라는 평을 접하면 그녀는 어떤 표정을 지었을까? 아마도 '여성'이라는 단어를 빼라고 호통을 쳤을지도 모르겠다.

오키프는 "살아남아야 했을 때 비로소 그를 넘어설 수 있었다"고 회고했다. 그녀의 예술은 언제나 자신의 환경에 대한 즉각적인 반응이었고 삶에서 경험한 일을 그리는 것이었다. 한 가지 주제에 집중하고 반복적으로 그리며 주제의 본질을 찾아냈다. 사막의 고독 속에서 고통을 이겨낸 끝에야 온전히 독립적인 자신만의 세계를 구축할 수 있었던 조지아 오키프!

그녀는 내 마음 깊숙한 곳, 조용히 잠든 열정의 불씨를 흔들어 깨웠다. 어쩌면 나는 잊고 지냈던 내 안의 '사다리' 하나를 다시 찾은 것인지도 모른다. 이 여행은 오키프의 자취를 따라간 여정이었지만 결국 나 자신에게로 돌아오는 길이기도 했다.

라스베이거스와
세 친구

　　　　　　　　　　　LA 스티븐슨 랜치에 사는 친구 K의 집에서 라스베이거스로 향하는 길. 황량한 사막을 가로지르는 곧게 뻗은 아스팔트는 끝이 보이지 않았다. 산타페 여행에서 돌아온 지 하루 만에 다시 나선 두 번째 여정이었다. 나는 친구가 운전하는 차 안에서 세상에서 가장 편한 자세로 앉아 있었다. 집 채만 한 구름이 따라오는 파란 하늘 아래, 이 큰 대륙의 광활함이 실감 났다. 무엇보다도 머릿속에서만 그리던 여행이 드디어 현실이 된 지금, 차창을 스치는 바람 한 줄기조차 짜릿했다.

　인생이라는 여정에서 여행만큼 맛있는 양념이 또 있을까. 24시간 네온사인이 꺼지지 않는다는 라스베이거스를 향하며 축제의 환희 같은 설렘이 피어올랐다.

　LA로 이민 간 남자와 결혼한 K는 여전히 발랄하고 재치 있다.

남편이 머슴처럼 잘해준 덕에 별명이 '마님'이다. 운전대를 잡은 그녀 옆에는 교직에서 막 은퇴한 '연세녀(연금으로 세계 여행하는 여자)' Y가 내비게이션을 챙기며 기사가 졸지 않게 재미난 이야기를 책임졌다. 뒷자리 상석에 대자로 기대앉은 나는 마음껏 졸기도 하며 운전이 거칠다느니 이야기가 시시하다느니 거만을 떨며 스스로 사모님이 되었다.

해외를 떠돌던 유목민 같던 나까지 이제는 긴 시간을 돌아와 이렇게 친구들과 마주앉았다니…. 단발머리 여고생이던 우리는 대학 졸업 후 각자 아내로, 엄마로, 직장인으로 살아온 세월이 어느덧 30여 년. Y가 은퇴하면 함께 미국 여행을 하자던 약속이 이렇게 빨리 실현된 건 K의 추진력 덕분이다.

"꼭 가보고 싶은 곳이 있어?"라는 물음에 답도 못 했는데 어느 날 3주 일정표와 예약 완료 소식이 날아왔다. "그렇게 오랜 시간을?"하고 놀랐지만 속으로는 쾌재를 불렀다. 결혼 후 처음으로 떠나는 긴 여행인지라 아무도 말리지 못했다.

Y가 낭랑한 목소리로 읽어준 콘스탄티노스 카바피의 시 「이타카로 가는 길」은 우리의 여정에 제격이었다. 그녀가 선창하면, 나와 K는 뒤따라 큰 소리로 읊조렸다.

네가 이타카로 가는 길을 나설 때/
기도하라, 그 길이 모험과 배움으로 가득한/
오랜 여정이 되기를/ 라이스트리콘과 키클롭스/
포세이돈의 진노를 두려워 마라 (…)

　목소리를 합치자 마치 트로이를 떠나 20년 만에 고향에 다다른 오디세우스라도 된 듯, 어떤 모험이라도 맞설 수 있을 것 같은 용기가 솟았다. 결혼이라는 성에 입성한 이후 우리는 얼마나 용감하게 잘 살아왔던가? 오디세우스의 삶에 비할 바는 못되지만 어느새 눈시울이 뜨거워졌다. 여고 시절로 돌아간 듯 작은 일에도 한없이 부풀려지는 즐거움과 무한한 자유의 돛을 단 듯한 그 순간이 너무도 순수하게 벅차올랐다.

　4시간을 달려서 도착한 라스베이거스는 낮에도 조명이 밝았다. 우리가 묵기로 한 호텔이 가까워지자 긴장되었다. 황금색으로 빛나는 그 빌딩은 저녁노을을 목에 두르고 도도하게 우리를 반겼다.
　미국으로 떠나기 한 달 전, 친구는 우리가 예약한 만델레이베이 호텔에서 사상 최악의 총기 난사 사건이 일어났다는 소식을 전했다. 한 남성이 32층에서 공연장으로 무차별 총격을 가해 수십 명의 희생자가 발생한 사건이었다. 두려운 마음이 들었지만 호텔 예약을 취소하지 못했다. 사건이 있었던 그 호텔 앞에 서자 이곳에서 생의 끝을 맞이했을 얼굴들이 떠올라 마음이 무거워졌다. 우리는 얼마나 많은 순간을 잊은 채 살아가는가. 그런 불행한 순간들은 어디까지가 사회의 책임일까? 복잡한 생각들이 스쳐갔다.

　라스베이거스는 '초원'이란 뜻이다. 1700년대 스페인 무역상이 라스베이거스를 발견했을 때는 황량한 사막이었는데 메마른 계곡 속의 깊은 샘에서 물을 끌어들였기 때문에 초원이라는 뜻의 이름이 붙었다. 반면 별명은 '씬시티'인데 씬sin은 종교적인 의미의 원죄란 뜻이지만 범죄보다는 종교나 윤리적으로 금지된 도박으로 먹고산다는 의미에서 붙여졌다. 실제로 살아보면 영화처럼 호화롭지 않다고들 하지만 바로 이곳에서 비극이 벌어졌다는 건 실감 나지 않았다.

　호텔 입구부터 수십 대의 카지노 기계들이 요란한 빛과 소리로 사람들을 유혹했다. 마이클 잭슨 동상이 높이 올려다보이는 로비에서 나는 짐 가방들을 지키고 있었다. 친구들이 호텔 방 열쇠 받아오기를 기다리는데 뉴스에서 본 그날의 현장이 떠올라 긴장되었다. 신의 저주 같기만 한 끔찍한 사고가 또다시 반복되지 않기를 기도했다. 우리는 하필 사고가 난 32층과 가까운 28층에 조심스레 짐을 풀며 뭔가 숙연해져 서로 말이 없었다.

　어둠이 내려앉은 라스베이거스의 밤은 도시 전체가 거대한 네

온사인의 휘황찬란한 바다에 잠겨 있었다. 레이저 조명을 품은 모조 에펠탑과 피라미드, 파라오의 동상, 엠파이어스테이트빌딩, 동화 속 성들, 금빛 돔을 이고 선 이슬람 궁전까지… 온 세계가 한자리에 모여 꿈과 환영이 뒤섞인 듯한 장관을 이루고 있었다. 마치 지구 위에 뜬 또 하나의 별처럼 그것들은 묘한 친밀함과 낯섦을 동시에 풍겼다.

분수 쇼가 밤하늘로 터져 오르고 거리 곳곳의 공연과 음악은 낯선 이방인을 향해 "어서 오라" 속삭인다. 사람들의 어깨가 부딪힐 때마다 심장은 조금 더 깊숙이 꿈결 속으로 미끄러져 들어간다. 뭔가에 유혹당하는 기분에 가슴이 뛰고 정신은 아득했다.

어둠을 삼킨 호텔들은 붉게 타오르는 불빛으로 손짓했다. 한 방의 베팅으로 인생을 전환해보라며 이 화려함이 곧 자유라고 속삭이는 듯했다. 욕망을 부추기는 그 열기는 핏발이 서린 마지막 불꽃처럼 타올랐다.

나는 친구의 손을 꼭 잡았다. 영화의 장면처럼 겹겹이 펼쳐지는 도시의 모습은 이승인지 저승인지 알 수 없는 경계에서 나를 붙잡고 있었다. 한때는 사막이었을 이 도시는 이제는 유혹의 얼굴을 한 신화처럼 우리 앞에 서 있었다.

우리는 현란한 그 거리에서 돌아와 와인을 마셨다. 세 친구는 각

개 전투하듯 미국, 중동, 한국에서 흩어져 살아왔지만 삶의 고민이나 기쁨은 크게 다르지 않았다. K는 미국에서 태어난 아이들이 한국말을 잊어가는 게 아쉽다고 했다. 친정 식구들과 친구들을 자주 못 만나는 그리움과 낯선 땅에 뿌리내리며 겪은 이민자의 서러움이 특히 마음을 움직였다.

온 세상이 겉으로 반짝이는 조금 전 우리가 지나온 화려한 거리보다 미처 나누지 못한 시간의 조각들을 꺼내어 울고 웃는 이 시간이 훨씬 더 빛났다.

다음 날은 호텔을 잇는 모노레일을 타고 도시를 구경했다. 각국의 상징으로 꾸민 호텔들은 하나의 테마파크 같았다. 벨라지오 호텔 로비엔 유리공예 거장 데일 치훌리의 「코모의 꽃」이 천장을 가득 메우고 있었고 베네치아 수로가 재현된 베네시안 호텔에선 뱃사공의 「오 솔레미오」가 울려 퍼졌다. 우리는 여고 시절처럼 그 노래를 따라 흥얼거렸다.

첫날의 두려움은 어느새 사라지고 호텔 방 안에서 바라보는 도시의 야경은 우리의 수다꽃처럼 찬란했다. 몇 년 전 이곳 카지노에서 한국 탤런트의 어머니가 잭팟을 터뜨렸다는 이야기를 나누다 우리도 재미 삼아 해보자고 로비로 내려갔다.

나는 5달러로 시작해 잠깐의 행운을 만났지만 금세 모두 잃었다. K도 마찬가지였다. 우리는 Y 몰래 조금 더 베팅했지만 결국 빈손이 되었다. 도박엔 관심이 없다던 Y는 예상했다는 듯 와인을 사 들고 와서 웃으며 말했다.

"맛에는 투자하되 도박은 안 해."

현명한 친구 덕분에 우리는 씁쓸함을 향 좋은 와인으로 달랬다.

라스베이거스는 겉으론 화려하지만 그 이면엔 더 큰 욕망과 좌절이 숨어 있을지도 모른다. 마치 인생이 달콤함과 쓴맛, 신맛이 공존하듯.

그런 까닭에 우리는 인생 여정의 페니키아 시장에 잠시 멈춰 어여쁜 물건을 고르고 수없이 맞이할 아침이 아름답기를 바라며 노래한다. 미지의 항구, 깊어 가는 라스베이거스의 밤에 우리는 다시 한번 「이타카로 가는 길」을 조용히 읊조렸다.

> 크나큰 즐거움과 크나큰 기쁨을 안고/
> 미지의 항구로 들어설 때까지/
> 네가 맞이할 여름날의 아침은 수없이 많으니/
> 페니키아 시장에서 잠시 길을 멈춰/
> 어여쁜 물건들을 사거라/ 자개와 산호와 호박과 흑단/
> 온갖 관능적인 향수들을

봄의
두 얼굴

　　　　　　　　　　봄이 오면 나뭇가지마다 새싹이 터지고 새는 자유를 만끽하며 창공을 높이 날아오른다. 한파 뒤에 숨어서 고통을 감내하고 죽은 땅에서 꽃을 피워내는 봄, 그 엄청난 에너지는 혹한을 견뎌낸 생명의 불꽃처럼 타오른다.

　봄은 수많은 작곡가에게 영감을 주었다. 따스한 햇살과 소생하는 자연은 클래식 음악 속에서도 다채롭게 표현되었다. 「봄」이라는 제목을 달고 있는 작품으로는 베토벤의 바이올린 소나타 5번, 슈만의 교향곡 1번, 드뷔시의 관현악곡 『봄Printemps』, 멘델스존의 『무언가 6번Spring Song』 등이 있다. 또한 비발디의 「봄」과 스트라빈스키의 『봄의 제전』도 빠뜨릴 수가 없다. 각 곡은 밝고 경쾌하면서도 서정적으로 봄의 생동감을 담아낸다. 그러나 『봄의 제전』은 밝고 서정적인 분위기와는 상반되는 원시적이고 힘찬 에너지를 발산한다.

이탈리아 베네치아에서 태어난 비발디(Antonio Lucio Vivaldi,1678~1741)는 작곡가이자 뛰어난 바이올리니스트였다. 바로크 음악의 대표적인 작곡가로 비발디는 특히 바이올린 협주곡을 발전시키며 당시 음악적 흐름에 큰 영향을 미쳤다. '붉은 머리의 사제'라는 별명이 있던 그는 약 500곡이나 되는 기악작품과 약 40곡의 오페라와 오라토리오, 칸타타 등을 작곡했다. 그의 대표작은 바이올린 협주곡 『사계』, 신포니아 23곡, 합주 협주곡 『조화의 영감』이 있다.

계절의 변화 속 인간의 삶과 자연을 음악으로 섬세하게 담아낸 『사계』는 1725년 발표되자마자 폭발적인 인기를 끌었다. 「봄」에는 따뜻한 햇살과 새들의 지저귐이 「여름」에는 폭풍과 더위가 「가을」에는 수확과 사냥이 「겨울」에는 추위와 얼음 위를 걷는 모습이 생생하게 그려져 있다.

비발디는 봄을 세 가지 다른 분위기로 표현했다. 첫 악장에서는 자연이 깨어나는 생동감을, 둘째 악장에서는 봄날의 평온함을, 마지막 악장에서는 축제의 기쁨을 담았다.

활기찬 바이올린 선율로 문을 여는 1악장은 봄의 생명력이 터져 나오는 듯하다. 따스한 햇살 아래 새싹이 돋고 얼음이 녹은 시냇물은 졸졸 흐른다. 푸른 하늘 위를 새들이 경쾌한 노래와 함께 날아오른다. 2악장은 푸른 목장에서 봄 햇살에 졸고 있는 목동들의 나른하고 한가한 풍경이 떠오른다. 그 한없는 평화로움에 눈물이 날 것만 같다. 그리고 마지막 3악장 알레그로는 아름다운 물의 요정이 양치기 피리 소리에 맞춰 춤추듯 봄의 경쾌한 리듬이 온 세상을 환희로 들뜨게 한다.

비발디가 활동했던 바로크 시대(17~18세기)는 자연과 인간의 감정을 예술로 표현하는 것이 중요한 흐름이었다. 당시 유럽에서는 음악뿐만 아니라 회화와 문학에서도 계절의 변화와 자연의 아름다움을 표현하는 작품들이 많았다. 『사계』는 이러한 경향을 대표하는 작품이었다. 특히 특정한 이야기나 장면을 음악으로 묘사하는 표제음악 기법이 유행했다.

비발디의 『사계』는 무심코 들으면 어느 계절인지 구분하기가 어렵다. 하지만 각 악보에 14행의 짧은 시, 소네트가 붙어있는 걸 아는 순간 계절의 풍경은 더욱 선명하게 다가오고 음악은 더욱 사랑스럽게 들린다. 작고 귀여운 새 울음(「봄」1악장), 멍멍 짖는 개(「봄」의 2악장), 불타는 태양이 이글거리는 모습과 그 사이로 들리는 뻐꾸기 소리 (「여름」1악장 처음), 잠에 빠진 술고래(「가을」2악장)와 추위에 발을 동동 구르는 모습(「겨울」1악장) 그리고 난롯가의 평화로운 휴식과 밖에 내리는 빗방울 소리(「겨울」2악장) 등 각 곡에 해당하는 소네트가 악보와 함께 실려 있어, 음악을 들으며 시의 장면을 떠올릴 수 있다.

「봄」 1악장의 새 울음은 빠른 트릴로 시냇물의 흐름은 잔잔한 아르페지오로 표현되는 등 시적 이미지가 바이올린 선율과 리듬 속에 생생하게 살아 있다. 음악과 문학이 절묘하게 결합한 이 명곡에 삽입된 네 편의 소네트는 작자 미상으로 기록되어 있지만 비발디가 직접 썼다는 설이 유력하다.

나는 비발디의 『사계』 중 「봄」을 좋아하지만 스트라빈스키의 원초적이고 강렬한 『봄의 제전』에는 더욱 큰 매력을 느낀다. 비발디의 봄이 햇살과 새들의 노래라면 스트라빈스키의 봄은 태고의 대지가 깨어나는 격렬한 몸짓이다. 이 곡에는 새싹이 돋고 꽃이 피는 온화한 봄이 아닌 원시의 대지가 폭발적으로 깨어나는 생명력과 힘찬 에너지가 담겨 있다. 비발디의 『사계』는 광고나 영화에서 익숙하게 들려오지만 스트라빈스키의 『봄의 제전』은 현대 무용과 실험적인 무대에서 강렬한 울림을 전하는 작품이다.

러시아 페테르부르크에서 태어난 스트라빈스키(Igor Fyodorovich Stravinsky, 1882~1971)는 20세기 음악의 혁신적인 작곡가로 전통적인 음악 형식과 규칙을 탈피하여 현대 음악에 큰 영향을 미쳤다. 법률가였던 그는 1903년 림스키코르사코프를 만나 음악에 뜻을 두었고 이후 발레곡 『불새』 『페트루시카』 등을 작곡하며 성공을 거두었다. 1913년 발표한 『봄의 제전』은 파리에서 격렬한 논란을 불러일으키며 전위 예술의 기수로 주목받았다.

스트라빈스키는 어린 시절부터 척박한 땅을 뚫고 솟아오르는 봄의 에너지에 깊은 감명을 받았다. 그리고 태고의 인간들에게 봄은 어떤 의미였을까? 하는 의문을 품고 있었다.

"나는 어느 날 꿈에서 한 원시 부족이 봄을 맞이하며 젊은 처녀를 희생 제물로 바치는 장면을 보았다."

그의 꿈과 상상력에서 시작된 『봄의 제전』은 고대 러시아 부족이 봄의 신에게 제사를 지내는 이야기로 구체화되었다. 스트라빈스키는 꿈속에서 본 원시 부족의 제사 의식에서 영감을 받아 죽은 땅에서 되살아나는 자연의 에너지와 대지에 뿌리박고 살아가는 인간의 강인한 생명력을 음악으로 표현하고자 했다.

원시 사회에서 자연의 순환과 풍요를 기원하는 의식은 중요한 의미를 지녔다. 특히 혹독한 겨울이 끝나고 새 생명이 태어나는 봄의 도래는 신성한 순간이었다. 스트라빈스키는 이러한 원시적 감각을 음악으로 형상화하며 기존의 발레 음악과 전혀 다른 작품을 탄생시켰다.

초연 당시 『봄의 제전』은 공연 역사상 가장 논란이 된 작품 중 하나였다.

제1부에서는 한낮을 배경으로 봄을 맞이한 인간들의 흥분과 환희가 묘사된다. 바순이 극도로 높은 음역에서 연주하는 서주는 신비로운 분위기를 자아내고 막이 오르면 고대 슬라브 부족의 젊은이들이 언덕 기슭에 모여 봄의 만개를 재촉하기 위해 대지를 힘차게 두드리며 춤을 추는 장면이 펼쳐진다. 강렬한 관악기와 타악기의 충돌, 불협화음과 변칙적인 박자가 불안을 자아내고 휘몰아치는 음향이 정신을 혼미하게 했다.

제2부에서는 밤을 배경으로 신에게 제물을 바치는 거룩한 의식이 치러진다. 인상주의적 서주가 신비로운 분위기를 만들고 이교도들의 밤을 암시한다. 장로들은 곰의 가죽을 뒤집어쓰고 조상의 영혼을 부르는 의식을 거행하고 선택된 처녀는 광란 상태에서 절박한 몸짓으로 춤을 추다가 쓰러지고 조상의 영혼이 그녀를 들어 올려 신에게 바치며 끝난다.

무용수들은 우아한 동작 대신 땅을 강하게 밟고 사지를 거칠게 흔들었다. 이는 19세기 유럽의 전통적인 미학을 정면으로 거부하는 혁신적인 시도였다. 관객들은 충격을 받았고 공연 도중 야유와 고성이 터져 나왔다. 일부는 극장을 떠났고 비난과 칭찬이 엇갈려 객석에서는 격렬한 논쟁과 몸싸움까지 벌어졌다. 공연은 혼돈 속에서 마무리되었다.

비록 초연 당시 혹평을 받았지만 『봄의 제전』은 20세기 음악사에서 가장 독창적이고 혁신적인 작품으로 평가받게 되었다. 기괴한 리듬과 불규칙한 관현악의 포효는 당시 청중들에게 낯설고 충격적이었지만 이는 음악사의 새로운 시대를 여는 신호탄이었다. 아이러니하게도 『봄의 제전』 초연 1년 후, 유럽은 제1차 세계대전의 소용돌이에 휘말리며 역사적 격변을 맞이했다.

비발디와 스트라빈스키는 각각 바로크 시대와 20세기 초라는 전혀 다른 시대를 살았기에 그들의 음악은 각기 다른 시대적 정신과 세계관을 반영한다. 비발디는 자연과 인간이 조화롭게 어우러지는 따뜻한 봄을 그렸다면 스트라빈스키는 원시적인 에너지와 본능이 폭발하는 거친 봄을 음악으로 표현했다. 그러나 『봄의 제전』은 단순한 음악적 실험이 아니었다. 그것은 인간과 자연이 맺는 원초적 관계 그리고 야생적인 봄의 에너지를 형상화한 작품이었다.

이처럼 봄을 노래한 두 거장은 시대를 넘어 각기 다른 방식으로 계절의 아름다움을 우리에게 전하고 있다. 따뜻한 햇살과 새들의 노래, 그리고 격렬한 대지의 몸짓, 비발디와 스트라빈스키의 봄은 다르지만 그 속에는 생명의 숨결이 찬란하게 빛난다.

계절의 눈물,
아다지오

　　　　　　　　　　　가을이다. 태양이 남긴 흔적인 양오색 단풍이 온 세상을 물들였다.

　지난여름, 뜨거운 태양 아래 묻혀버린 진실은 없었는가? 마치 직무유기처럼 방치된 기억들, 참회의 기록처럼 맨드라미 붉은 가슴에 까만 씨앗들을 남기고 계절은 어김없이 서늘한 바람을 몰고 찾아왔다.

　길에 떨어진 빨간 단풍이 너무 고와 두 잎을 주워 왔다. 책상에 올려둔 채 하루가 지났는데 그만 조글조글 구부러지며 말라 버렸다. 아차, 수분이 있을 때 책갈피에 넣어 둘 걸. 그 예뻤던 모습이 흉하게 일그러져 살짝만 건드려도 화가 난 듯 비스킷처럼 바스러진다. 토라진 애인처럼 얼굴을 가린 모습에 미안한 마음이 든다. 돌이킬 수 없는 실수였다. 쓰레기통에 버리려다 자연 속으로 가라고 부스러기까지 밖에 화단에 뿌렸다. 놀러 온 친구를 억지로 보낸 것 같은 서운한 마음에 다시 노란 은행잎과 빨강 단풍잎 몇 장을 손에 들고 들어왔다. 이번엔 정성껏 하나씩 펴서 책갈피에 넣어둔다. 계절의 숨소리가 잎을 펴는 손끝에 파르르 전해진다. 우리는 얼마나 많은 순간들을 무심히 흘려보내는가.

개포공원 뒷산에도 가을이 진수성찬을 차렸다. 색색으로 짠 단풍 카펫이 오솔길에 펼쳐져 있고 소나무 숲에 뿌려진 붉은 잎새들은 마치 신부 머리 위에 뿌리는 축하 꽃잎 같다.

도토리를 물고 날아가는 어치가 발목을 잡아 세운다. 가만히 둘러보니 목덜미가 주황색인 그 새는 한두 마리가 아니다. 겨울을 나기 위해 도토리가 여물 무렵부터 산에 눈이 쌓일 때까지 땅바닥에 구멍을 파거나 나무 틈에 저장 창고를 마련하느라 분주하다. 그 새는 목에 자루 같은 저장소를 가지고 보통 네다섯 개 이상의 도토리를 담아다 숨긴다고 한다. 이방인의 눈길에 놀란 듯 어치는 예민하게 신호 울음을 내며 멀리 날아간다.

잎을 거의 떨군 높은 나무에 까치의 고층 단독주택이 덩그러니 보인다. 일꾼 하나 부르지 않고 암수가 부리로 나뭇가지를 물어다 열심히 지은 까치 집은 못 하나 박지 않아도 비 한 방울 새지 않는다니 참으로 신기하다.

조용히 월동 준비를 마친 숲은 아름답다. 기나긴 겨울을 위한 나의 도토리는 어디에 있을까. 침묵의 시간을 견딜 떨켜를 만들어야 하는데 나는 그저 목이 마르다.

늦은 오후 가을비가 추적추적 내린다. 창가에서 따뜻한 차 한 잔을 마시며 계절의 눈물을 감상한다. 앙드레 가뇽의 「아다지오」 선율이 자욱한 안개처럼 흐른다. 비 오는 가을날, 이 음악을 듣고 울지 않는 이가 있을까. 나도 모르게 선율에 이끌려 가슴이 벅차오른다.

첼로의 묵직한 저음으로 시작되는 그 음악을 떠나는 가을에게 바치고 싶다는 글을 SNS에 올렸더니 한 분이 의미심장한 말을 남겼다. 첼로가 고통을 호소하듯 "죽겠다, 죽겠다"며 괴로워하니 피아노가 "괜찮아, 괜찮아, 그런 말 하지마"라고 달래는 것 같다는 감상이었다.

문득 생각하게 된다. 우리는 살아가면서 남에게 진정한 위로가 되어 준 적이 몇 번이나 있었을까. 누군가의 눈물을 단 한 번이라도 진심으로 닦아준 기억이 있었던가.

가을비는 겨울비처럼 을씨년스럽지 않고 사람의 마음을 유별나게 흔든다. 봄비가 희망을, 여름비가 상쾌함을 선사한다면 가을비는 온갖 사연을 품은 듯 끈적인다. 대지 속으로 입관하기 전 낙엽들의 마지막 노래일까, 한 계절 누렸던 영화에 대한 미련일까, 아니면 누군가를 잊지 않겠다는 맹세일까.

가을비는 「아다지오」 선율 속에서 조용히 흐느끼다 끝내 통곡한다.

울음이 그칠 때까지 나는 음악을 멈출 수 없어 꼬박 밤을 새운다.

가을날의
유서

　　　　　　　　　연미복 차림의 젊은 베토벤이 먼 곳을 보는 듯한 눈빛이 우수에 젖어 있다. 짧은 갈색 머리와 창백한 얼굴, 오똑한 콧방울 아래 굳게 다문 입술은 뭔가 결기에 찬 듯 단호하다. 1803년, 덴마크 화가 크리스티안 호르네만이 상아에 그렸다는 이 그림은 베토벤이 죽음의 심연을 헤맨 직후의 모습이라 생각하니 숙연해진다.

　귀가 점점 어두워지고 있다는 비밀을 품은 채 사람들에게 다가갈 때마다 얼마나 큰 공포와 두려움에 떨었을까. 깊은 눈동자를 유심히 들여다보며 베토벤의 「피아노 협주곡 3번 C단조」를 듣는다. 1796년부터 시작하여 저 유명한 '하일리겐슈타트 유서'(1802)를 쓰던 가을까지 내면적 격변을 겪으며 마무리한 이 곡에는 어떤 특별한 슬픔과 고독이 스며있을까?

1악장 알레그로 콘 브리오(빠르고 생기있게)는 어둡고 음울한 오케스트라의 전주가 끝나면 비장한 피아노 선율이 가슴을 깊이 찌른다. 「운명」의 첫 악절처럼 강렬하다. 귓병이 치명적이라는 사실을 깨닫던 순간 그의 심정도 이토록 비장했을까? 그러나 긴박한 순간들은 메아리가 되어 변주되고 어둠을 뚫고 피어난 꽃들이 환하게 미소 짓는다.

2악장 라르고는 내면을 향한 잔잔한 독백 속에서 장송 행진곡의 색채가 서서히 배어 나온다. 매우 느린 템포의 오케스트라는 '장송 행진곡'이라는 부제답게 먼먼 옛 추억을 회상하며 시간의 강을 건너는 듯 몽환적이다.

가난한 다락방에서 태어난 베토벤. 17살에 어머니를 폐병으로 잃고, 어린 두 동생의 교육비와 끼니를 책임져야 했다. 술주정뱅이 테너 가수였던 아버지는 아들의 음악적 재능을 신동으로 이용하려고 폭력을 쓰며 강제로 방 안에 가두었다. 피아노 선율은 안개 자욱한 강가를 거닐 듯 고백과 항변, 후회와 그리움을 길게 풀어놓는다. 1악장에서 운명을 극복하려 몸부림쳤다면 2악장에서는 끝내 지친 마음으로 고백하는 듯하다.

그러나 3악장 론도-알레그로에서 피아노는 동이 틀 무렵 새벽빛처럼 맑고 투명한 얼굴로 나타난다. 밤의 어둡고 무거운 장막을 걷어내고 서둘러 밝은 아침을 향해 달려간다. 관악기와 현악기들이 서로 호응하며 피아노를 감싸는 동안 피아노는 한 줄기 아침 햇살처럼 영롱하게 빛난다. "운명의 바퀴들이여 멋대로 굴러라, 나는 괘념치 않고 나의 길을 가겠노라"며 시련에 굴복하지 않고 장엄하게 일어서는 베토벤이 또렷하게 보인다. 운명의 수레바퀴가 아무리 거칠게 굴러가도 그는 흔들리지 않고 자신의 길을 향해 나아간다.

1801년, 서른 살의 베토벤은 의사로부터 청력을 잃을 수 있으니 요양하라는 권유를 받고 빈 교외의 하일리겐트슈타트로 간다. 「월광」을 바친 백작의 딸 줄리에타 귀차르디와 이별한 것도 이즈음이다. 이기적인 그녀는 비정하게 베토벤의 마음을 괴롭혔다. 다정했던 그녀가 집안의 반대로 갑자기 갈렌베르크 백작과 결혼하자 자살 충동까지 겪는다. 작곡가로 피아니스트로 정점을 향해 달리던 베토벤이 6년 전에 생긴 귓병으로 남모르는 고통에 빠져있을 때 아무 일 없던 듯 가버린 사랑의 상처는 병을 더 악화시켰으리라.

베토벤이 사랑에 빠진 여인들은 신분, 나이 또는 기혼자라는 벽에 부딪혀 언제나 저 멀리 닿을 수 없는 곳에 있었다. 끊임없이 열렬한 사랑을 품었으나 곧 쓰디쓴 괴로움이 돌아왔다. 친구 베겔러의 말에 의하면 베토벤이 한때라도 극도로 심각한 사랑의 정열을 가지고 있지 않은 것을 본 적이 없었다고 한다. 여인들이 다가올 때마다 베토벤은 열정에 타올라 창작열을 불태웠고 수많은 명곡을 탄생시켰다.

거듭된 실연과 치명적인 귓병이 전혀 차도를 보이지 않자 암울하고 고통스러운 나날을 보내던 베토벤은 낙엽 지는 10월에 생을 끝낼 생각을 한다. 영원히 귀머거리가 될지 모른다는 고백과 함께 죽음에 대비하고 있음을 선언하며 유서를 쓴다. 그의 나이 불과 32살 때였다.

첫 문장은 사람들을 좋아했지만 오랜 시간 앓고 있던 불치병 때문에 '괴팍한 고집쟁이'라고 오해받았던 억울함부터 호소한다. 유서의 절반이나 차지하는 긴 항변은 그가 사람들에게 맘껏 다가가지 못하고 반대로 행동했던 맘고생이 보여 마음이 짠하다.

모든 희망을 버리고 비참한 심정으로 시골 마을에서 생의 마감을 준비하는 베토벤을 상상한다면 하일리겐슈타트에 머물면서 작곡한 곡들은 의외로 매우 쾌활하고 낙천적이다. 『교향곡 5번, 운명』도 이 시기에 작곡이 시작되었고 유서를 쓰던 초가을에 완성된 『교향곡 2번』은 매력 넘치는 풍요로운 작품으로 평가받는다. 그러나 두 동생 카를과 요한에게 쓰는 마지막 편지에는 운명에 대한 저항과 비통하기 그지없는 고뇌의 외침이 적혀 있다. 그중에서도 죽음을 받아들인다면서도 늦게 오기를 바란다는 말은 너무나 인간적이다.

나는 기꺼이 죽음을 맞으려고 서두른다.
나의 예술적 능력을 완전히 개발할 기회를 갖기 전에 죽음이 온다면 그건 너무 일찍 죽음이 찾아온 거라고 해야겠지.
내 운명은 참으로 가혹했지만 그럼에도 나는
죽음이 늦게 오기를 바라니까. 그렇게 되더라도 나는 행복할 것이다. 그러면 이 끝없는 고통으로부터 해방될테니까 말이다.

- 「하일리겐슈타트의 유서」 중에서

    이 유서는 사후에 발견되었다. 삶에 대한 의지가 강했던 베토벤은 자살을 시도하지 않았다. 죽음을 선택하지 않은 이유를 그는 훗날 이렇게 쓰고 있다.

    "내 가슴 속에 있는 창작의 욕구를 다 채우기 전에는 세상을 떠날 수 없었다."

    베토벤은 절망적인 유서를 쓴 후, 생각을 완전히 바꾸었다. 오히려 그는 시련을 딛고 일어섰다. 오로지 음악만으로 시련에 맞섰던 그는 그 후 25년을 더 살면서 위대한 음악을 만들어 성스럽게 부활했다. 상처 입은 영혼은 고통 속에 있었으나 걸작은 남아서 200년이 지나도록 또 다른 상처 입은 영혼을 위로하고 있다. 인생은 짧고 예술은 길다는 진리를 증명하듯 그의 음악은 여전히 우리와 함께 숨 쉬고 있다.

1827년 12월, 베토벤은 숨을 거두었다. 바람 불고 눈보라 휘날리는 가운데 우레도 요란하게 천지를 뒤흔들었다. 그것은 마치 그의 고난과 역경의 삶을 재현하는 것 같았다. 귓병 외에도 류머티즘, 복통, 안구 통증 등 평생 온갖 병에 시달렸던 그의 일생 같은 날씨였다. 고통 속에서도 인류에게는 큰 위로를 남긴 베토벤에게 절친이었던 시인 프란츠 그릴파르처가 남긴 추도사 한 구절은 우리 마음을 오래도록 울려준다.

> 잠잠해진 하프여, 그를 그렇게 부르게 해다오,
> 그는 예술가였으며 그의 존재의 근원은 예술이었으므로
> 삶의 가시는 그에게 깊은 상처를 입혔고,
> 마치 추방자가 외딴곳에서 안식처를
> 찾듯이 그는 예술의 팔에서 안식처를 얻었도다.
> 오, 그대 선함과 진실의 영광스러운 자매이자 친구며,
> 상처 입은 마음들을 치유해주는 향유며···.

찬란한 생의 광시곡,
차이콥스키 『비창』

　　　　　　　　　　1890년, 나데주다 폰 메크 부인
은 차이콥스키에게 돌연 연금을 중단하겠다는 편지를 보냈다. 9
살 연상의 부유한 미망인이 매년 선불로 지급한 6천 루블은 음악
원 교수 초임의 10배에 해당하는 거액이었다. 차이콥스키는 이 통
보를 받아들이기가 어려웠다. 경제적 문제를 떠나 그들의 관계가
단순한 후원 이상이었음을 그는 믿어왔기 때문이다. 그러나 서신
교환이 끝남과 동시에 두 사람의 우정도 끝이 났고 그는 자신이 냉
정한 부잣집 마님의 장난감에 불과했을지도 모른다는 쓸쓸한 회
한을 죽을 때까지 안고 살아야 했다.

　폰 메크 부인의 행동 근거에 대한 추측은 여러 가지 있었다. 그
녀의 둘째 딸 알렉산드라가 차이콥스키의 동성애적 성향을 알렸
기 때문이라는 설이 유력했지만 그를 존경하고 사랑했던 그녀라
면 개의치 않았을 거라는 반론도 존재했다. 다만, 당시 그녀가 사

업난과 심각한 신경병을 앓고 있었던 것은 사실이었다.

이 사건 이후 차이콥스키의 생애 마지막 3년은 불행과 고독으로 얼룩졌다. 그 무렵 작곡한 『교향곡 6번, 비창』은 그의 마지막 걸작이 되었지만 15년간 1200통이 넘는 편지를 주고받았던 폰 메크 부인은 그의 죽음을 끝내 외면한 채 침묵을 지켰다. 그리고 두 달 후 희한하게 그녀도 세상을 떠났다.

차이콥스키의 음악적 유서라고도 할 수 있는 『비창』은 1893년, 그가 세상을 떠나기 아흐레 전에 자신의 지휘로 초연되었다. 그는 "과장 없이 모든 영혼을 이 작품에 쏟아 넣었다"고 고백했지만 어둡고 절망적인 분위기 탓인지 초연 당시의 반응은 그리 좋지 않았다.

'비창'의 러시아어 원제 '파테티체스카야'는 열정적이거나 감정적이라는 의미를 지니면서도 동시에 '고통'을 뜻하기도 한다. 작곡가는 이 곡을 '비장의 교향곡'이라 칭했으나 정확히 무엇을 표현하고자 했는지에 대해서는 끝내 명확한 설명을 남기지 않았다. 그런 까닭에 『비창』을 두고 모차르트처럼 차이콥스키가 자신의 장송곡을 작곡한 것이라는 소문이 퍼졌다.

실제로 1악장의 전개부에는 러시아 정교에서 죽은 자를 위한 미사곡 선율이 인용되었으며 피날레는 불빛이 서서히 꺼져가는 듯한 아다지오 라멘토소(느리고 비통하게)로 끝난다. 그는 이 곡을 쓰는 내내 진혼곡을 연상케 한다며 여러 차례 흐느껴 울었다고 한다. 그럼에도 불구하고 차이콥스키는 삶의 위기마다 창조적 영감이 최고조에 달했고 『비창』 또한 절망 속에서 탄생한 가장 위대한 걸작으로 남았다.

이 작품은 전통적인 교향곡의 형식과는 다른 독특한 구조를 지닌다. 1악장의 아다지오 서주는 무겁고 불길하다. 마치 검은 옷을 입은 저승사자들이 다가오는 듯 바순의 저음이 비틀거리며 신음하듯 등장한다. 더블베이스가 낮게 깔리고 클라리넷의 끝없는 저음은 운명에 대한 체념과 죽음의 공포를 토로하는 듯하다. 그러나 그 속에서 어린 시절의 기억이 스쳐 지나간다. 그가 너무나 사랑했던 두 여인, 어머니와 가정교사 파니 뒤르바흐. 풍요롭고 아늑한 집에서 가족들과 함께 오케스트리온을 둘러싸고 음악을 감상하던 나날들. 어린 차이콥스키는 한 번 들은 음악을 그대로 피아노로 연주할 정도로 천부적인 재능을 지녔다.

법률학교를 졸업한 후 법무부에서 근무했지만 그는 곧 사직하고 음악을 공부하기 시작했다. 니콜라이 루빈스타인을 만나면서 모스크바 음악원의 교수가 되었고 그때부터 본격적으로 음악가로서 빛을 발하기 시작했다. 그러나 평온했던 기억이 흐려지듯 갑자기 관현악이 폭풍처럼 몰아치고 트롬본과 트럼펫이 러시아 정교회의 장송곡 선율을 울려 퍼뜨린다. 죽음의 암시는 점점 극에 달하고 급기야 금관 악기가 포효하듯 터져 나온다. 그것은 차이콥스키가 마지막까지 놓지 않았던 살고 싶은 본능의 처절한 몸부림이었을까.

숨가쁘게 질주하던 선율은 다시 슬픔 속으로 가라앉고 환상적인 아리아 같은 선율이 흐르며 잠시 평온이 찾아온다. 하지만 그것도 오래가지는 않는다. 마지막에는 현악기의 피치카토가 쓸쓸한 한숨처럼 울려 퍼지고 관악기들은 어두운 밤길을 외롭게 걸어가는 듯 암울한 분위기를 남긴다.

2악장 알레그로 콘 브리오는 발레 음악처럼 경쾌하고, 3악장 알레그로 몰토 비바체는 춤곡의 활기가 가득하다. 불안과 고통을 잊기 위해 추억과 환상의 세계로 떠나고 싶었던 걸까? 차이콥스키가 즐겨 사용하던 이탈리아 남부의 타란텔라 춤곡 선율이 펼쳐지며 삶의 기쁨을 노래하는 듯한 잔치가 무르익는다. 팀파니와 관악기가 행진곡풍으로 마무리를 짓지만 다시금 큰 북소리가 경종처럼 울리며 어둠 속으로 가라앉는다.

40대 초반, 차이콥스키는 러시아에서 이미 유명 인사가 되어 있었다. 독일의 지휘자 한스 폰 뷜로가 그의 『피아노 협주곡 1번』을 미국과 독일에 널리 알리면서 해외에서도 호평을 받았다. 후원자였던 나데즈다 폰 메크가 보내는 연금도 점점 늘어나 그는 여러 나라를 여행하며 호텔에서 머물렀고 친구와 친척들에게 후하게 베풀며 사치에 빠지기도 했다. 국내외에서 귀빈 대접을 받으며 살아가던 표트르 일리치 차이콥스키의 명성은 날로 커져만 갔다.

마지막 4악장, 아다지오 라멘토소는 시작부터 음울한 비가 내리는 듯하다. 음악적 유서의 절정에 다다른 듯 온통 회한과 비통함이 밀려든다. 2, 3악장에서의 거침없는 질주가 갑작스레 멈추며 마치 광야에 버려진 듯한 허무감이 압도한다.

차이콥스키는 젊은 시절부터 평생 우울증에 시달렸다. 어린 시절부터 발작과 감정 기복이 심한 신경과민증을 앓았던 그에게 음악은 일상의 슬픔에서 벗어나는 탈출구였다. 그러나 명성이 커질수록 더욱 내면의 혼란과 분열을 겪었다. 야심이 넘쳤지만 유명해지자 동성애라는 자신의 정체성을 숨겨야 한다는 압박에 시달렸다. 결국 37세의 그는 '아무나'와 결혼하겠다는 결심을 실행에 옮겼으나 한 달도 채 되지 않아 파탄이 났다. 그것은 깊은 고통이 되어 자살 충동과 신경쇠약을 불러왔고 심지어 그는 이틀 동안 의식을 잃기도 했다.

격렬한 고뇌가 고조되다 사라지면 징이 공허하게 울리고 금관은 절망적으로 퍼져나간다. 그리고 코다에 이르러 어느덧 영광의 날은 피치카토의 여운을 남기며 쓸쓸히 사라진다.

차이콥스키는 죽기 며칠 전 몸이 좋지 않은 상태로 동생 모데스트, 조카 보비크와 함께 점심 식사를 했다. 두 사람의 만류에도 불구하고 그는 끓이지 않은 물을 마셨고 그날 저녁부터 심한 고통이 시작되었다. 원인은 당시 유행하던 콜레라였다. 한때 회복하는 듯했지만 그는 주치의 베르텐손에게 감사의 말을 전한 뒤 이렇게 말했다.

"당신은 얼마나 많은 자비와 인내를 쓸데없이 낭비하고 있는지요. 저는 낫지 못합니다."

그는 점점 더 깊은 잠에 빠져들었다. 1893년 11월 6일, 차이콥스키는 폰 메크 부인의 이름을 몇 번 부르다가 조용히 눈을 감았다. 그의 관은 알렉산더네프스키 수도원 묘지에 안장되었다. 상트페테르부르크 카잔 성당에서 열린 장례식에는 6천 명의 추도객이 참석했고 거리에는 6만 명이 넘는 인파가 모였다. 공식적인 사인은 콜레라로 기록되었다.

그러나 림스키코르사코프는 의문을 제기했다. 콜레라로 사망한 경우 시신은 즉시 금속관에 넣어 봉인하는 것이 원칙이었지만 차이콥스키의 장례식에서는 참배객들이 몰려와 그의 손과 이마에

입을 맞추며 작별을 고했다. 당시 황제가 비밀 지령을 내려 독살했다는 설은 러시아 전역에 퍼졌고 그의 형수 올가도 같은 주장을 했다. 또한 그의 죽음은 비밀리에 소집된 '명예법원'의 강요 때문이었다는 이야기도 있다. 법률학교 동급생 일곱 명으로 구성된 명예법원은 학교의 명예를 지킨다며 그에게 자살을 강요했다. 차이콥스키가 황제의 조카를 유혹했다는 고발이 있었고, 결국 그는 비소를 음독해 생을 마감했다는 것이다.

음악학자 타루스킨은 『비창』을 자살 노트에 비유했다. 페테르부르크에서 두 번째 공연이 열렸을 때 청중들은 음악에서 불길한 징후를 느끼며 힘겹게 감상했다고 한다. 그리고 1년 후 그의 추모 연주가 열렸을 때 관객들은 차이콥스키의 죽음을 떠올리며 모두 눈물을 흘렸다.

어린 시절에 눈물범벅이 된 채 자기 머리를 가리키며 "여기, 이 음악 소리! 없어지질 않아요"라고 외치며 호소하던 차이콥스키는 평생 음악에 살다 죽은 음악의 신이었다. 그는 마지막까지 찬란한 불꽃을 태웠다. 그의 삶이 모순과 긴장으로 가득했을지라도 『비창』은 여전히 나에게 인간적 우수와 영감을 선사하는 위대한 명곡이다.

프롬나드의 매력,
『전람회의 그림』

　　　　　　　　　　　　무소르그스키(1839~1881)의 『전람회의 그림』 중 두 번째 곡 「옛 성」을 듣는다. 가끔 삶이 수채화처럼 맑고 투명하지 않을 때, 어떤 회한이 밀려와 길을 잃고 헤매며 고독을 피할 수 없을 때, 알약 복용하듯 듣는 음악 중 하나다. 과거를 회상하는 듯한 「옛 성」은 5분도 채 안 되지만 환상적인 그 선율을 반복해서 듣노라면 통증은 조금씩 무뎌지고 어느새 마음이 차분히 가라앉는다.

　중세의 옛 성 앞에서 음유시인이 노래를 부른다. 애상적인 바순 선율이 옛날을 회상하듯 조용하고 느리게 성의 주변을 천천히 맴도는데 쓸쓸함이 가득 배어있다. 들을수록 마음이 소슬해진다. 바순의 짤막한 전주에 알토 색소폰으로 연주되는 서정적인 선율은 한 편의 슬픈 드라마처럼 상상력을 자극한다. 그 노래 끝에는 어김없이 떠오르는 그림이 하나 있는데 헝클어진 머리칼에 술에 취한 듯 붉은 얼굴에 코가 빨간 무소르그스키 초상화다. 무소르그스키가 초상화에서 걸어 나와 성문 앞에서 넋을 잃은 듯 저녁노을을 보고 있다.

무소르그스키는 미술가이자 건축가인 친구, 하르트만이 39세의 젊은 나이로 세상을 떠나자 그를 추모하기 위한 유작 전시회에서 영감을 얻어 『전람회의 그림』을 작곡했다. 영혼의 단짝이 황망하게 떠나자 애끓는 심정을 예술로 승화시킨 것이다. 작품에 담긴 의도는 평소 무소르그스키의 소신처럼 친구의 죽음을 슬퍼하기보다 그의 업적을 기리고 있다. 세계적인 음악감독 구스타보 두다멜(Gustavo Dudamel, 1981~)이 꼬불꼬불한 머리카락을 연신 흔들며 심취한 모습으로 『전람회의 그림』을 지휘하는 영상을 무소르그스키에게 보여주고 싶다. 이 걸작을 무대에 올리지 못하고 죽은 후에야 공식 연주가 행해졌으니 그 사실을 안다면 얼마나 감개무량하랴.

1곡 「난쟁이」부터 제10곡 「키에프의 대문」까지 전체를 함께 감상하다 보면 그의 눈은 점점 커질 것이다. 본래는 피아노 독주곡이지만 곡에 담긴 기발한 상상력과 묘사적 성격이 짙은 다채로운 표현은 후세 사람들에게 관현악 편곡의 욕구를 강하게 자극했다. 생전에 별다른 인기를 얻지 못했으나 사망한 지 6년 후에 림스키코르사코프가 악보를 출판함으로써 그 진가를 인정받았고 라벨이 관현악곡으로 편곡하여 '마법'이라는 칭송으로 더 유명해졌다고 하면 무소르그스키는 어떤 표정을 지을까? 붉은 코를 만지며 고맙다고 수줍게 말하지 않을까.

전람회의 진열 순으로 연주되는 이 곡은 10개의 각기 다른 그림을 보는 듯한 생생한 감성을 불러일으킨다. 생동감 넘치는 선율과 비장하고 장엄한 분위기부터 발랄하거나 나른하고 고적한 느낌까지 다양한 감정을 담은 음표들이 말을 걸어온다. 구체적인 사건과 장면들을 떠올리게 하는 다채로운 선율은 묘사음악의 정수를 보여주고 있다. 새로운 곡으로 넘어갈 때마다 변주되는 짧은 다섯 개의 프롬나드(산책)는 사람들의 걸음걸이를 연상시킨다. 관람객이 그림과 그림 사이를 걸어가는 듯한 이 기발한 아이디어로 무소르그스키는 이름을 날렸으나 그의 생애는 이 곡을 작곡한 1874년 이후부터 쇠퇴하는 인생길을 걸었다.

그는 부유한 지주의 아들로 태어났지만 순탄치 않은 인생을 살았다. 여섯 살에 어머니에게 피아노를 배워 3년 만에 리스트의 소품을 연주하는 천재였던 그는 1861년 농노해방으로 집안의 재산 소유권을 모두 상실하자 생계를 위해 공무원이 되었다. 그러나 어머니마저 돌아가시자 심한 음주벽과 신경쇠약으로 주위로부터 소외되었다. 이런 가운데에도 천재 작곡가는 여러 편의 피아노곡, 오페라, 교향곡을 작곡했으나 친한 친구들마저 일찍 죽자 정신적인 슬픔에 빠져 알코올 중독이 심해지고 건강이 극도로 나빠져서 병원에 입원하기에 이른다.

　1881년, 일리야 레핀(Ilya Repin, 1844~1930)은 상트페테르부르크의 군부대병원에 입원 중인 무소르그스키에게 달려갔다. 친구의 안타까운 소식을 들은 천재 화가는 불행한 삶을 살다가 황폐한 모습으로 죽음을 기다리는 그의 얼굴을 그렸다. 레핀은 19세기 러시아의 거의 모든 음악가를 그렸지만 죽어가는 친구를 그리던 손은 얼마나 떨렸을까. 그들은 작업이 진행되는 동안 무슨 이야기들을 나눴을까? 무소르그스키의 성격이라면 아마 무거운 침묵 속에 그려졌을 것이다.

　알코올 중독으로 정신병동에 있던 위대한 작곡가는 나흘 동안 모델이 되어 포즈를 취해준 뒤 이틀 만에 사망했다. 긴 수염에 가려진 앙다문 입술과 정면을 응시하는 단호한 눈빛은 무시할 수 없는 카리스마가 숨어 있다. 훗날, 이 초상화는 음악 작품보다 더욱 강렬한 인상을 남겼다. 인간에 대한 깊은 성찰과 심리묘사에 탁월한 레핀은 재능있는 호사가를 포착하는 것에 성공하여 수많은 레코드와 CD 표지로 또 한 번 명성을 얻었다. 레핀이 그린 무소르그스키의 초상화는 타락한 알코올 중독자의 바탕에 숨겨진 "다이아

몬드같은 원초적 음악 세계와 뛰어난 야만인(savage)의 신화 획득에 기여했다"는 평가를 받았다.

무소르그스키는 러시아 5인조를 이루는 민족주의 작곡가들 가운데 가장 독창적이고 파격적인 악상을 지닌 음악가였다. 즉흥연주에도 뛰어난 재능을 보여 인기를 끌었다. 차이콥스키가 우아하고 세련된 서구식 작법에 러시아적 감성을 도입하여 귀족 성향의 음악을 창작한 작곡가라면 무소르그스키는 다듬어지지 않고 질박한 날것의 감성을 드러내어 좀 더 서민의 삶과 정서에 다가갔다. 음악교육을 받지 않은 덕분에 오히려 자신만의 개성이 넘치는 작품을 창작할 수 있었으며 그 독창성 때문에 지금도 세계인의 사랑을 받고 있다. 구조보다 인상을 중요시하는 경향은 후대의 반낭만주의 경향 특히 프랑스의 인상주의 음악에 영향을 주었다.

「옛성」 앞에서 만난 무소르그스키는 내가 펼쳐 놓은 그에 관한 이야기를 다 들어준 뒤 10곡 「키예프의 대문」을 들으며 떠나갔다. 그의 고난과 고독이 없었다면 우리가 지금 듣는 이 명곡이 태어날 수 있었을까? 그의 고뇌와 희망은 음악 속에 영원히 남아 추앙받으니 이제 편히 가라고 나는 손을 흔들어 주었다. 그도 나에게 손을 흔들며 우람한 대문을 열고 힘차고 당당한 거인처럼 걸어간다.

「키예프의 대문」은 러시아의 수도 키예프를 대표하는 대문을 상징한다. 강렬하고 압도적인 타악기와 금관 악기들이 울려 퍼지며 그 웅장함을 말해주는 듯하다. 드럼, 심벌즈, 트럼펫 등은 군대가 질주하는 모습이나 성문이 열리는 힘이 느껴진다. 장엄한 오케스트라의 선율은 바이올린과 플루트가 교차하면서 러시아식의 둥근 지붕과 뾰족한 첨탑이 보이는 듯한 고요한 상상 속으로 이끌어주며 마치 성문 너머의 평화로운 풍경을 본 듯한 느낌을 준다.

마지막에 들려오는 열세 번 성당의 종소리와 이어서 중복되는 프롬나드의 선율에 코끝이 찡하다. 키예프(현재 우크라이나의 수도, 키이우)에서 장엄하게 울려 퍼지는 종소리는 무소르그스키 음악에도 고스란히 흔적을 남겼다.

우리 결혼
졸업했어요

어느 여인이 울먹이며 말했다.

"저는 협의 이혼 신청을 했습니다. 남편의 외도와 폭행, 언어폭력이 젊을 때부터 변함없이 여태 죽 이어져 왔습니다. 저는 황혼이혼이라는 게 너무 두렵고 외로움이 걱정됩니다. 스님, 이 나이에 이혼해야 하는지 현명한 답변 부탁드립니다."

결혼 생활이 38년째라고 하는 그녀에게 살 만큼 살았는데 왜 더 살려고 하는지 스님이 반문했다. 본인은 워낙 외로움을 잘 타는 성격이며 결혼한 아들과 며느리에게는 사실을 알리지 못했다고 하자 "못 살겠다면서 그런 걱정을 하는 걸 보니 더 살고 싶은 미련이 있는 거 아니냐"며 은근히 핀잔을 주는데 여인이 "네"하고 대답하자 사람들이 "와아~" 하며 큰 웃음바다를 만든다.

스님은 남편이 변할 거라는 기대는 절대 하지 말고 미련이 남으면 좀 더 살아보라 한다. 그러다 영 아니다 싶으면 안 살면 되고 남편을 간섭하지도 말고 속박받는 삶에서 벗어나 자유롭게 사는 지혜에 대해 쉬운 예를 들어 천천히 설명한다. 결국 남편이 문제냐 내가 문제냐는 질문에 "제가 문제입니다"라고 수긍하게 된 여인은 목소리가 한결 밝아졌다.

그 여인은 그 후 어찌 되었을까? 스님 말처럼 "안녕히 계십시오" 하고 황혼 이혼을 했을까? 아니면 요즘 유행하는 졸혼을 했을까.

'즉문즉설' 강의로 유명해진 법륜 스님은 국민 인생 상담가다. 모든 문제는 '내 탓'이라 생각해 보라는 논리로 상담하러 온 민중들에게 알아듣기 쉬운 말로 삶의 지혜를 깨우쳐 주는 모습은 이 시대의 소크라테스 같다.

언제부터인가 대한민국에 '졸혼' 열풍이 불고 있다. 졸혼은 '결혼 생활을 졸업한다'라는 뜻으로 혼인 관계는 유지하되 서로 간섭하지 않고 독립적으로 살아가는 일이다. 이혼에 대한 편견이나 부정적인 시선이 존재하는 우리나라에서 이 신조어는 등장과 동시에 유행으로 번졌다.

따로 또 같이 나답게 살기 위한 새로운 삶의 형태인 '졸혼'이 화두가 되면서 TV에서는 가상 이혼, 돌싱 예능 등 이혼 관련 프로그램들이 쏟아지고 있다. 개인의 행복을 중시하는 가치관 변화가 주요 원인이라고 한다. 최근 미혼 남녀 절반 이상이 졸혼 의향이 있다고 밝힌 걸 보면 분명한 사회적 이슈임을 알 수 있다.

졸혼이란 개념이 처음 소개된 것은 일본 작가 스기야마 유미코杉山由美子가 출간한 『졸혼을 권함』이란 책을 통해서다. 이 책은 2004년에 일본 사회에 졸혼이라는 파격적인 '화두'를 던졌다. 우리나라에 『졸혼 시대』로 출판되었는데 여섯 쌍의 졸혼 부부를 인터뷰한 것으로 다양한 졸혼 형태와 졸혼은 왜 필요한지 무엇이 좋은지 솔직하게 말하고 있다.

스기야마 유미코는 40대에 남편과의 갈등으로 고민하던 중 첫째 딸의 권유로 남편과 따로 살아보기로 한다. 그렇게 독립적으로 살면서 결혼 생활을 돌아보던 저자는 다른 부부들이 갈등 상황을 어떻게 해결하는지 취재하고 자신들 상황에 맞게 부부 관계와 역할을 새롭게 바꾼 사람들을 만나 이들의 공통점을 '졸혼'이라는 이름을 붙였다.

2019년에 이외수, 전영자 부부의 이야기가 화제가 되며 포털 사이트 실시간 검색어에 '졸혼'이라는 단어가 키워드로 떠오른 적이 있다. 결혼 44년 차가 된 전영자 씨는 "지금이라도 내 인생을 찾고 싶었다"고 고백했는데 이듬해 이외수가 뇌출혈로 쓰러진 뒤로 병간호를 위해 졸혼을 종료한 상태가 되었고 3년 만에 이외수의 사망으로 졸혼은 사별로 마무리되었다.

100세 시대가 되면서 부부는 이제 반평생 이상을 같이 살아야 하는 시대가 되었다. 자녀나 가정을 지켜야 한다는 의무에 참고 사는 경우가 많았는데 이제 불만을 참고 살기에는 인간 수명이 길어졌고 삶의 가치관도 달라지고 있다. 가정법률상담소 2023년 통계 분석에 따르면 졸혼이나 이혼을 고려하는 '위기의 황혼 부부'가 최근 20년 새 5배 가까이 늘어났다고 한다. 결혼 5년 미만인 신혼부부보다 50, 60대 황혼 이혼이 급증하고 있다는 사실 또한 경이적인 일이다. 여기에 '졸혼'까지 포함된다면 실제 이혼율은 더 높을 것으로 보인다.

졸혼을 '현대적 부부 생존 전략'이라고도 부르기도 하지만 이혼이라는 낙인이 싫어서 당사자 간 합의로 온갖 의무에서 벗어나기에 비겁하고 옳은 방법이 아니라며 우려하는 반응도 많다. 이혼의 두려움을 완화할 순 있겠지만 새 삶을 시작하기에는 경제적 문제나 외도나 불륜 문제에 노출될 수 있기 때문이라고 한다.

졸혼을 노래 가사에 빗대어 '이혼인 듯 이혼 아닌 이혼 같은 너'라고 표현하기도 한다. 문제를 해결하지 못하고 보유한 상태이기에 아리송한 표현이 그럴듯해 보인다.

고통스럽게 같이 사는 것이 더 힘든가, 외롭게 홀로 사는 것이 더 고통스러운가? 졸혼으로 인한 단점의 불안과 졸혼으로 얻어지는 혜택의 매력 중 어느 것이 우위에 있을까?

30년 넘게 살아온 우리 부부에게 '졸혼'이란 말은 발붙이기 힘든 단어다. 평소 농담이라도 부정적인 말은 금기어일 만큼 남편은 보수적이기 때문이다. 한 번 선택한 운명은 죽을 때까지 함께 해야 한다는 철학이 다행인지 불행인지 모르고 산다. 그러나 다음과 같은 시의 주인공이 되어 공항에서 편지 한 통은 써보고 싶다.

여보, 일 년만 나를 찾지 말아주세요/
나 지금 결혼 안식년 휴가 떠나요/
그날 우리 둘이 나란히 서서/ 기쁠 때나 슬플 때나 함께하겠다고/
혼인 서약을 한 후 여기까지 용케 잘 왔어요 (중략)

이제 내가 나에게 안식년을 줍니다./
여보, 일 년만 나를 찾지 말아주세요
내가 나를 찾아가지고 올테니까요

- 문정희 「공항에서 쓸 편지」 중에서

분초사회와
육각형 인간

세상은 매 순간 빠르게 달라지고 있다. 사물 인터넷, 빅데이터, 인공지능, 모바일 기술이 촘촘히 얽혀 삶은 점점 복잡해지고 변화는 멈출 줄을 모른다. 자율주행차가 운전자의 손을 자유롭게 만들었고 교육 현장에서는 감정을 나누는 로봇이 등장했다. 챗GPT를 비롯한 인공지능은 이제 정신적 노동의 일부까지 대신하고 있다. 기술은 늘 앞서 달리고 우리는 그 속도를 쫓느라 숨이 찬다.

익숙한 것들과의 작별은 언제나 낯설다. 기성세대인 내게는 더욱 그렇다. 그러나 뒤처지지 않기 위해서는 결국 배우고 적응해야만 한다. 정보도 감정도 관계마저도 속도에 맞춰 흘러가는 세상이다. 뉴스는 쇼츠 영상처럼 짧고 강렬하게 전달되고 유행은 반짝 스치듯 지나간다.

요즘 나는 드라마를 요약 영상으로 보고 요리 레시피는 2배속으로 넘긴다. 집안일을 하면서 오디오북을 듣고 운동은 짧고 강도 높은 영상 하나로 대신한다. 시간을 아끼려던 의도는 아니었는데 어느새 나도 이 시대의 속도에 길들여져 버렸다. 특히 방대한 장편을 오디오북으로 들으며 효율적인 삶을 산다는 만족감을 느끼곤 하지만 가끔은 활자를 눈으로 따라가며 느끼던 그 고요한 여백을 잃어버린 듯해 불안이 스치기도 한다. 그러던 중 『트렌드 코리아 2024』에서 '분초사회'라는 말을 만났다. 마치 내 일상을 들여다보는 듯했다. 서울대 소비트렌드분석센터는 2024년의 사회 변화를 'DRAGON EYES'라는 주제로 짚어냈고 그중에서도 '분초사회'와 '육각형 인간'이라는 키워드가 특히 눈길을 끌었다.

분초사회란 시간의 가치를 극대화하려는 흐름을 말한다. 반반차, 빠른 재생 속도, 결론만 보는 콘텐츠 소비처럼 이제는 돈보다 시간이 더 귀한 자원이 되었다. 요즘 사람들은 '시간의 가성비', 즉 '시성비'를 중시한다는데 나 역시 하루를 잘게 쪼개 쓰는 데 익숙해져 있다는 사실에 고개가 끄덕여졌다. 그런데 이토록 시간을 아끼고 속도에 몰두하다 보면 우리는 과연 언제 사유하고 여백을 즐길 수 있을까? 무언가를 깊이 들여다보거나 감정을 차분히 느끼는 일은 점점 희미해지고 있는 것만 같다.

'육각형 인간'이라는 표현도 인상 깊었다. 이는 분초사회 속에서 등장한 새로운 이상형으로 효율성과 완벽함을 동시에 추구하는 사람을 말한다. 외모, 학력, 자산, 집안, 성격, 인간관계 등 어느 하나 빠짐없이 고르게 갖춘 사람, 마치 벌집처럼 정교하고 균형 잡힌 이미지다.

  육각형 인간이라는 말을 들으며 나는 문득 예전에 봤던 벌집 다큐멘터리가 떠올랐다. 자연이 만들어낸 그 육각형 구조는 수학적으로도 가장 효율적인 형태라고 한다. 헝가리 수학자 페예시 토트(László Péter Tóth, 1915~2005)는 정육각형이 최소의 재료로 최대 공간을 확보할 수 있음을 증명했다. 벌집은 자기 무게의 30배에 달하는 꿀을 저장한다니 자연의 지혜 앞에 절로 감탄이 나왔다.

  인간에게 '육각형'은 과연 적절한 기준일까? 인간은 완벽해야만 사랑받을 수 있을까?

  나는 오히려 결핍과 균열 속에서 인간다움을 느낀다. 육각형처럼 모난 데 없이 완벽한 인간은 애초에 존재하지 않는다. 한두 면이 비어 있는 오각형이나 조금은 삐딱한 삼각형 같은 사람들이 오히려 삶의 진실을 보여준다. 이름난 직업, 넉넉한 재산이 없어도 자신만의 도형을 품고 조용히 남을 따뜻하게 비추는 사람들이 많은 사회야말로 우리 곁을 단단히 지켜주는 진짜 공동체다.

SNS에서는 너도나도 모두가 반짝인다. 세상은 모든 면에서 균형 잡힌 '완벽한 인간'이어야 사랑받을 수 있는 것처럼 속삭인다. 멋진 직업과 감각적인 삶, 넉넉한 경제력에 따뜻한 인성까지 갖춘 사람들을 보고 있노라면 마치 육각형 인간의 퍼레이드를 보는 듯하다. 결국 그에 대한 집착은 나의 가치를 숫자나 외형으로 환산하게 만들고 그 이면에는 비교와 강박이 깔려 있다. '완벽한 나'가 아니면 사랑받을 수 없다는 불안감에 타인의 시선에 내 가치를 맡긴 채 원치 않는 프레임 속으로 스스로를 밀어 넣고 있다.

『트렌드 코리아 2024』는 요즘 젊은 세대가 높은 기준을 자신에게 부과하면서도 그것이 노력보다는 타고난 배경에서 오기를 기대하는 경향이 있다고 분석했다. 그래서인지 '성공'보다는 '금수저', '노력'보다는 '환생'이나 '빙의' 같은 단어에 더 많은 공감이 쏠린다. 계층 상승의 사다리가 약해진 시대, '육각형 인간'에 대한 집착은 결국 자존감의 균열로 이어진다.

우리는 완벽을 좇는 강박에서 벗어나야 한다. 인간을 상품처럼 평가하는 시선, 모든 것을 갖추지 않으면 안 된다는 압박감에서 거리를 둘 수 있어야 비로소 자신을 존중할 수 있다.

"될 수 없는 육각형 인간을 좇기보다, 현실을 직시하고 자신의 욕망을 객관적으로 바라보는 것이 더 중요하다"는 문장이 오래 마음에 남는다.

  고물가, 고금리, 경기 침체라는 삼중고와 기후 위기의 그늘 아래서도 인간은 새로운 가능성을 상상한다. 그 희망의 이름이 때론 AI일 수도 있고 디지털 기술일 수도 있다. 하지만 AI가 결과물을 만들어낼 수는 있어도 그것을 받아들일지 걸러낼지는 인간의 몫이다. 어떤 기술이든 인간의 상상력과 판단이 결합할 때 비로소 제빛을 발하게 된다. 그래서 결국 인간의 사색과 판단, 인문학적 통찰은 기술로 대체될 수 없다.

  모든 것이 빠르게 흘러가는 시대일수록 우리 삶의 한가운데 여백과 사유가 살아남기를 나는 바란다. 완벽하지 않아도 괜찮은, 모나고 느린 존재로서의 인간도 여전히 존중받을 수 있는 사회이기를. 기술은 언제나 앞서 달리고 그 속도를 쫓느라 숨이 차지만 그 속도에서 내려와 잠시 멈춰 서는 용기, 어쩌면 그게 지금 나에게 가장 절실한 태도일지도 모른다.

3부 유혹하는 아라비카

쿠웨이트 가는 길
노란 볶음밥, 마크부스
친절한 아부나와프 씨
고통의 축제, '아슈라'
유혹하는 아라비카
아무리타는 오지 않고
사막에 핀 야생화
풍요의 역습

쿠웨이트
가는 길

KE 951 여객기는 아라비아반도 북동부에 위치한 나라, 쿠웨이트를 향하고 있다. 아주 오래 전 먼 기억 속에 잠들어 있던 그 작은 나라가 놀랍게도 나를 다시 불러냈다.

남편이 나를 만나던 총각 시절 이후 두 번째로 쿠웨이트 근무를 맡게 되었고, 이번에는 지사장이 되어 가족과 함께 부임지로 향하는 중이다.

인천공항을 이륙하기 직전 휴대전화를 끄고 좌석벨트를 찰칵 잠그는 순간, 비행기의 은빛 날개가 마치 내 몸에서 길게 뻗어나간 듯한 기분이 들었다. 미지의 세계로 간다는 설렘이 몰려왔지만 동시에 떠나온 곳에 남겨진 일들이 아른거리며 이내 마음이 무거워졌다.

쿠웨이트는 나에게 특별한 나라다. 텔레비전 드라마에서 '쿠웨이트 박'이 유행하던 시절 나는 미래의 신랑, '쿠웨이트 김'을 만났다. 현대건설에 입사한 그의 첫 해외 근무지는 쿠웨이트였다. 페르시아만을 건너던 연애편지들은 1년 만에 마침내 결혼이라는 집을 짓고 날개를 접었다. 그 시절 2년 이상 거주자에게 주어지는 면세 혜택을 활용하여 꼼꼼히 혼수 가전을 구입해왔다. 수입품이 비싸고 귀하던 시절, 그의 세심함 덕분에 나는 당시로선 넘치게 풍요로운 신혼살림을 누릴 수 있었다.

결혼한 지 얼마 안 되어 쿠웨이트에 걸프 전쟁이 일어났다. 8년간의 이란-이라크 전쟁으로 경제가 무너진 이라크는 석유를 노리고 쿠웨이트를 침공했다. 사담 후세인은 쿠웨이트가 원래 이라크 땅이었다며 통치권을 주장했다. 익숙했던 그 이름이 공포의 상징으로 매일 뉴스에 등장하고 사망자 소식이 쏟아지면서 전쟁이 현실로 다가왔음을 실감했다.

텔레비전에서는 총성과 함께 사망자와 고립된 외국인 소식이 매일 전해졌고 교민들은 요르단으로 탈출을 시도했다. 쿠웨이트 경험자인 신랑은 회사 상황실에서 매일 야근을 했다. 결혼하지 않았더라면 그도 전쟁터 한복판에 있었을지도 모른다고 생각하니 아찔했다.

미국을 중심으로 다국적군이 결성되었고 6개월 만에 이라크군을 몰아내며 전쟁은 끝이 났다. 우리나라도 의료진과 수송기를 파견하고 적지 않은 금액을 지원했다. 20년이 지난 지금도 모두가 긴장 속에 전쟁을 지켜보던 기억이 선명하다.

시간은 거꾸로 흐르는 듯했다. 10시간 넘게 날아왔지만 한국에서 차고 온 손목시계는 자정을 가리키고 두바이는 아직 오후 6시였다. 두바이에서 아랍에미리트 항공으로 갈아타고 1시간 40분을 더 날아야 쿠웨이트에 도착한다. 갈아타는 시간이 빠듯했다.

쿠웨이트는 경상북도만 한 작은 나라로 국토 대부분이 사막이다. 과거엔 항해와 진주 채취에 의존하던 소국이었지만 1938년 석유가 발견되며 전환점을 맞았다. 2차 세계대전 이후 본격적인 시추가 시작되었고 쿠웨이트는 전근대적 왕국에서 복지국가로 급변, 세상을 놀라게 했다.

기름 부자 나라에 간다고 하니, 지인들은 '기름 한 드럼만 부탁해'라며 웃었다. 세금이 없고 의료와 교육이 무상인 이곳의 인구는 외국인을 포함해도 350만 명(2012)에 불과하다. 기본 생활이 보장된 그들의 진짜 고민은 과연 무엇일까 궁금했다.

아랍에미리트 항공 EK 859편 여객기는 이륙 직후 음식을 제공한다며 승객들에게 식사 여부를 물었다. 배가 고프지 않았지만 호기심으로 음식을 주문했다. 길쭉한 쌀로 지은 노란 밥과 샐러드,

뭉친 쇠고기 덮밥은 낯선 향이 메스꺼워 거의 먹지 못했다. 에어컨이 너무 강해 시베리아 벌판처럼 추웠고 비치된 담요는 손수건만큼 작은데 아무도 불평하는 사람이 없었다. 인천공항에서 언니에게 벗어 줄까 망설였던 얇은 가죽 코트가 없었더라면 쿠웨이트에 도착하기도 전에 꽁꽁 얼었을 것이다.

비행기가 멈추기도 전에 아시아계 근로자들이 우르르 일어나 줄을 섰다. 아랍계 스튜어디스들이 짜증 섞인 목소리로 "싯다운!"을 외쳤다. 친절은 온데간데없었다. 빨간 모자에 하얀 천을 히잡처럼 두른 황토색 유니폼의 승무원들 가운데 한국인 한 명이 손짓으로 조용히 안내해 주었다. 그녀의 상냥한 미소가 자랑스럽고 인상 깊었다.

어둠에 잠긴 쿠웨이트 공항은 예상보다 작고 평범했다. 인터넷에서 본 호화로운 신공항은 아직도 설계도면 속에서 잠자고 있는 듯했다.

검은 히잡을 쓴 여직원이 차가운 눈빛으로 내 여권을 훑어보았다. 폐쇄적이고 보수적인 회교국답게 절차는 까다로웠고 이방인을 반기지 않는 표정이 얼굴에 가득했다. 그녀가 가리킨 창구에서 지문을 다시 찍고 여권을 돌려받자 출구 문이 열렸다. 곧 수화물 컨베이어 벨트가 돌아가는 풍경이 펼쳐졌고 파란 제복의 동남아

노동자들이 카트를 끌고 다니며 짐을 맡기라고 계속 말을 걸었다.

고개를 빼고 바깥을 살펴보니 낯익은 두 남자가 손을 흔들고 있었다. 중년 신사가 된 '쿠웨이트 김'과 어느새 아버지와 어깨를 나란히 하게 된 막내가 그와 꼭 닮은 웃음을 지으며 나를 반겼다. 나는 먼 길을 돌아 또다시 세 번째로 이 미지의 나라에 무사히 착륙했다.

노란 볶음밥,
마크부스

　　　　　　　　　　남편은 밖에서 문을 잠갔다. 반투명 유리 현관문이 '딸깍' 금속음을 내고 발소리가 엘리베이터 안으로 사라지니 감옥에 갇힌 듯 기분이 묘하다. 시차 적응이 안 된 몽롱한 상태로 침대에 다시 누우려는 순간 '혼자'라는 생각에 정신이 번쩍 들었다. 갑자기 낯선 타국에 대한 두려움과 문밖 미지의 세상에 대한 궁금증이 밀물처럼 밀려와 뇌를 깨웠다.
　정적이 무서워 TV를 켜놓고 어슬렁거리며 집 안을 둘러본다. 천정이 높은 거실에 감청색 소파가 단정하게 놓여 있다. 막내가 사진으로 보여줬던 그대로 크고 넓다. 외국인 전용 빌라여서인지 실내가 미로의 아랍 스타일이 아니고 익숙한 개방형이라 맘에 든다. 아쉬운 것은 거실 창밖에 흰 벽이 가로막혀 베란다에 전망이 없다는 것. 아랍 사람들의 폐쇄적인 정서 때문일까. 다른 방들도 온통 건물에 가려져 밖을 내다볼 수가 없다. 방 3개가 시원스럽게 넓은 것은 좋은데 욕실이 어지간한 방보다 커서 놀랐다. 공간이 낭비된 느낌이었다.

별실처럼 꾸며진 디귿 자 형 주방으로 들어가려는데 벨이 요란스럽게 울린다. 못 들은 척 조용히 있으려 했지만 계속해서 쾅쾅 문 두드리는 소리가 요란하게 이어졌다.

"마담, 마담, 아임 발루우~ 발루우~. 히얼유아"

점심 때쯤 보조 열쇠를 가져올 남편이 오기 전에 벌써 빌라 관리인이 이른 아침부터 뭔가를 줄 게 있다며 맹렬하게 초인종을 눌러 댔다. 이름은 이미 들어서 누구인지 알고 있었지만 손잡이에 열쇠 구멍 하나만 있는 구조라 열쇠 없이는 안에서도 문을 열 수 없었다. 그래서 저녁에 오라고 목청껏 맞받아쳐 주었다.

지난밤 도착한 쿠웨이트 공항은 어둠에 잠겨 있었다. 집으로 가는 길, 키 작은 야자나무가 간간이 가로등 아래 모습을 드러냈고 불빛은 드물었다. 적막하고 황량한 풍경이었다. 구름 위 3만 피트 상공을 12시간 넘게 날아온 뒤라 정신은 몽롱했고 이승과 저승 사이를 건너온 듯한 기분이었다. 반가운 남편과 막내를 만나 마음은 놓였지만, 미지의 나라는 어둠의 베일에 싸여 음산하게 다가왔.

차에 오르자마자 들려준 이야기는 그 밤 풍경만큼이나 우울했다. 우리가 살게 될 집의 주인 자베르 씨가 내가 도착하기 전날 심장마비로 세상을 떠났다는 것이다. 입주 후 두 달 동안 세입자를 배려해 새 가전제품을 들이고 냉장고까지 바꿔주며 "마이 브라더!"를 외치던 그는 친척 아저씨처럼 정이 많고 따뜻한 사람이었다고 한다.

남편이 꽃바구니를 들고 문병 갔을 땐 산소호흡기를 낀 채 사람을 알아보지 못했다니 얼마나 놀랐을까. 항공사에서 은퇴한 뒤 집에서 쉬고 있던 그는 중풍으로 휠체어에 의존하고 있었지만 이렇게 갑자기 세상을 떠나게 될 줄은 몰랐다고 한다. 남편과 막내는 큰 충격을 받은 듯했다. 평소 말수가 적은 아들은 "엄마가 한 번만이라도 만났더라면 정말 좋았을 텐데…"라는 말을 반복하며 내내 한숨을 쉬었다.

우리 집은 공항에서 차로 20분 거리의 주택가 '쌀와(Salwa)' 4블럭에 있었다. 아늑한 골목길을 돌고 돌아 도착한 곳은 담장마다 꽃등이 올망졸망 켜져 있었다. 단독주택들 사이로 하얀 빌라 한 채가 우뚝 서 있었는데 집주인 자베르 씨의 일가는 바로 옆 큰 건물에 삼대가 함께 살고 있다고 했다. 이슬람 교리에 따라 남편이 세상을 떠난 뒤 아내는 넉 달 열흘간 외출이 금지되기 때문에 당분간 집주인 여인의 얼굴을 볼 수가 없다니 참 안타깝다.

저녁이 되자 다시 벨이 울렸다. 발루가 전해준 것은 낯선 음식이었는데 알고 보니 슬픈 음식이었다. 아랍어가 적힌 종이 상자 안 은박지 도시락엔 길쭉한 쌀로 만든 노란 볶음밥 위에 큼직한 닭다리 하나가 얹혀 있었다. 함께 건네받은 봉지엔 요거트, 오이, 토마토, 바나나, 사과가 각각 한 개씩 들어 있었다. 그 신기한 음식을 사진으로 찍어 카카오톡 대문 사진으로 올렸더니 "쿠웨이트에서 먹고 사는 음식이냐"는 지인들의 질문이 쏟아졌다.

그것이 자베르 씨의 추도 음식이라는 걸 나중에야 알게 되었다. '마크부스machbous'라 불리는 전통 아랍 요리는 쌀과 고기, 채소에 강황 가루를 넣어 향이 강했다. 쉽게 손이 가지 않아 그 음식은 바로 냉동실로 들어가고 말았다.

모든 것이 잘 갖춰진 흰색 톤의 주방이 마음에 들었다. 짙은 갈색 식탁 옆에 서 있는 검은 냉장고가 유난히 반짝인다. 집주인이 새것으로 바꿔주었다는 그 냉장고를 바라보고 있노라면 나와는 한 오라기의 인연도 맺지 못한 채 떠나버린 자베르 씨가 괜스레 야속하다. 무슬림은 사람이 세상을 떠나면 해가 지기 전에 곧장 땅에 묻는다고 한다. 자베르 씨도 내가 도착하기 전날, 이미 묘지에 잠들었을 것이다.

이슬람의 죽음에 대한 인식은 우리와 사뭇 다르다. 그들은 죽음을 끝이 아닌 시작으로 본다. 고통으로부터의 해방이자 알라신의 품에 안기는 최고의 영광이라 여긴다는데 자베르 씨 역시 편안한 마음으로 이승을 떠났을까.

그들은 죽음을 종말이 아닌 영원의 입구라 생각하기에 화장은 금지되며 내세를 이승과는 비교도 안 될 고차원의 삶으로 믿는다. 혼과 함께 육신도 다시 살아난다고 여기는 까닭에 영혼과 육체는 죽음 이후에도 사랑의 관계를 이어간다고 생각한다. 그래서 시신을 훼손하거나 무덤 위를 밟는 것조차도 금기시된다. 사후에는 누구나 알라신 앞에서 평등하다는 믿음 아래 왕조차도 거창한 봉분 없이 평범한 공동묘지에 안장된다. 죽음을 두려움이 아닌 귀향으로 여기는 태도가 낯설면서도 경이롭다.

냉동실에 보관해 두었던 노란 볶음밥을 녹여 따뜻하게 데웠다. 쌀이 찰지진 않았지만 씹을수록 고소했고 처음엔 낯설기만 했던 향도 음미해 보니 생각보다 나쁘지 않았다. 자베르 씨를 추모하는 마음으로 천천히 그리고 조용히 먹었다. 한 번도 얼굴을 마주한 적은 없지만 우리 가족에게 인간적인 따스함과 친절을 선물해 준 그분께 마음을 담아 감사 인사를 보낸다.

알라신의 품에서 평안히 쉬시길, 그곳에서의 안녕을 기도해 본다.

친절한
아부나와프 씨

　　　　　　　　　　아부나와프 씨가 우리 가족을 집으로 초대했다. 런던 올림픽이 열리던 2012년 7월, 쿠웨이트는 이슬람교에서 약 한 달가량의 금식 기간인 라마단이 한창이었다.

　섭씨 50도를 찍으며 이글이글 타오르는 중동의 뜨거운 태양 맛을 온몸으로 체험하고 있을 때 아부나와프 씨는 라마단 선물로 쿠웨이트 타워가 새겨진 멋진 동판 액자와 갓 따낸 대추야자를 푸짐하게 보내왔다. 남편 회사의 현지 직원인 그는 선물도 모자라 친절하게도 라마단 종료를 축하하는 '이드' 축제 기간에 우리 가족에게 음식 대접까지 하겠다는 전갈을 보내온 것이다.

　쿠웨이트 생활이 아직 낯설 때 현지인의 초대는 반가웠지만 곧 떠오른 그들의 전통적인 인사법이 생각나면서 갑자기 마음이 무거워졌다. 포옹하는 자세로 다가가 양 볼을 서로 맞대면서 쭙쭙 소리를 내는 그들의 인사는 스킨십이 익숙지 않은 한국 사람에겐 당황스럽고 어색하기 짝이 없다. 아랍 유목민 베두인 문화의 영향을 받은 쿠웨이트 사람들은 사람 대접하는 일을 중요하게 생각한다. 인사도 대접의 일부로 생각하여 처음 만났을 때는 보통 악수로 끝나지만 두 번째 만나게 되면 어김없이 다가와 양 볼 인사를 청한다. 이슬람교도들이 이렇게 인사하는 것은 '고개를 숙일 수 있는 것은 오직 알라께만 할 수 있다'라는 종교적 신념 때문이라고 한다.

노을이 페르시아만을 붉게 물들이던 어느 저녁 무렵, 우리 가족은 노란 장미 꽃바구니와 케이크를 들고 아랍 문양이 화려한 청록색 대문의 3층 집 앞에 도착했다. 기다렸다는 듯이 흰 셔츠에 검정 바지를 입은 인도인 젊은 일꾼 두 명이 달려와 우리 차의 문을 열어주었다. 아부나와프 씨도 맨발에 슬리퍼를 신고 달려 나왔다. 남편을 보자 대뜸 양 볼 인사를 나눈 뒤 내겐 악수를 청한다. 젊었을 때도 꽤 미남이었을 그는 아랍 전통복인 하얀 디슈타샤가 유난히 잘 어울렸다. 키가 크고 체격이 좋은 데다 선한 눈빛과 특유의 선량하고 수줍은 미소가 매력적이라 아라비안나이트에 나오는 멋진 주인공 같다. 전직 고등학교 교장인 그는 인자한 인상으로 학생들에게 인기도 많았을 것 같다.

대문을 열고 계단을 몇 개 올라가니 현관문 앞에서 히잡을 쓰고 꽃무늬 재킷을 입은 부인이 처음 만난 내게 다가와 포옹하며 양 볼 인사를 한다. 초면에 악수가 아닌 양 볼 터치라니 엄청난 환대인가? 그녀는 외교부에서 일하는 사람답게 유창한 영어를 구사하는데 귀부인의 카리스마가 풍겼다.

로마네스크식 아치형 커튼이 화려한 거실로 들어가니 수십 명은 앉을 수 있는 앤틱한 분위기의 소파가 조를 이룬 듯 나뉘어 있다. 흰 칼라가 유난히 큰 복장의 인도인 도우미가 직접 갈아 만든 당근 주스를 가져다주었다. 아부나와프 씨 장남이 자기 가족은 3층에 거주하며 부모님과 한집에 살고 있다며 반갑게 인사를 했다. 잠시 후 둘째 아들과 딸, 며느리가 하나둘 차례차례 모였다. 태어난 지 두 달과 석 달밖에 안 된 어린 손녀들이 핑크 리본 머리띠에 하얀 드레스를 입고 금팔찌를 차고 품에 안겨 왔다. 갓난아기들이 파티복 차림으로 잠든 모습은 어찌나 사랑스럽고 귀여운지 가슴이 저절로 뭉클했다.

아부나와프 씨는 3남 2녀를 두었다. 미국에 유학 중인 막내아들을 제외하고 손자 손녀들까지 모두 열세 명이나 모였다. 부인 역시 현직 공무원이며 자녀들도 훌륭하게 성장시켰다는 이야기는 이미 들었지만 온 가족이 한마음으로 환영해 주는 모습에 깊은 감동을 받았다. 가족 중심의 우리 유교 문화와 닮아 더욱 친밀하게 느껴졌다.

품위 있는 중산층 집안답게 며느리들과 딸들이 입은 의상은 우아하면서도 화려했다. 두 며느리는 각각 흰색과 검은색 히잡을 쓰고 빨간 상의와 검은 망토형 자켓에 섬세한 아랍 문양의 자수가 놓여 있어 눈길을 끌었다. 박물관에서 일한다는 큰딸은 커리어 우먼의 분위기가 물씬 풍기는 멋쟁이였다. 하얀 히잡 위에 빨간 실크 스카프를 두르고, 짙은 파란 블라우스에 흰 바지를 받쳐 입은 그녀의 자태는 세련되면서도 이국적이었다.

청바지에 티셔츠 차림으로 나타난 둘째 아들은 군 장교답게 목소리가 우렁찼고 미국 고등학교에 다닌다는 수줍은 막내딸도 노란 셔츠에 청바지를 입고 있었다. 아부나와프 씨는 집 안에서도 둥근 고트라를 벗지 않고 전통 의상을 고수했고 큰아들과 사위는 하얀 디슈다샤만 간편하게 걸친 모습이었다. 가족들의 다양한 복장을 통해 쿠웨이트에서 전통 의상의 착용이 얼마나 자유로운지를 실감할 수 있었다.

최근 남편 회사에서 수주한 '쉐이크 자베르 코즈웨이' 교량 공사가 대화의 중심 주제였다. 그것은 쿠웨이트 시티에서 쿠웨이트만을 횡단해 수비야 신도시를 연결하는 초대형 국책 건설 프로젝트였다. 가족 모두가 큰 관심을 보이며 신도시 개발에 대한 기대감을 드러냈다.

특히 둘째 아들이 호기심 가득한 얼굴로 질문을 쏟아냈다.

"그 다리는 길이가 얼마나 되지요?"

"36.1킬로미터입니다."

걸프만 바닷길에 세계 최장 길이의 다리를 우리나라가 만든다는 사실이 자랑스러웠다. 가족 모두 영어를 능숙하게 구사했다.

거실 한쪽, 두 계단 아래에 마련된 커다란 식탁 위에는 화려한 촛대가 눈길을 끌었다. 앞치마를 두른 두 명의 인도인 도우미가 정성스럽게 뷔페를 차렸다. 초대 전, 아부나와프 씨가 고기와 생선 중 하나를 고르라 해서 생선을 택했더니 팔뚝만 한 하무르 구이가 아름답게 장식되어 마치 대표 선수처럼 식탁 중앙에 놓여 있었다. 중동의 최고급 생선으로 알려진 하무르는 머리가 큰 것이 특징인데 담백하고 고소한 맛이 일품이라고 들은 기억이 있어 군침이 절로 돌았다. 싱싱한 샐러드와 노랗고 하얀 볶음밥, 손바닥만 한 붉은 랍스터와 왕새우, 이름 모를 화려한 요리들이 진수성찬이라 정신이 없는데 아부나와프 씨는 두 팔을 걷어붙이고 커다란 하무르 생선을 맨손으로 정성스레 발라 내 접시에 담아주었다. 그 모습이 처음엔 당황스러웠지만 우리 외할머니가 떠오르며 곧 정겨워졌다. 하무르와 쫄깃한 랍스터는 입안에서 살살 녹았고 매운 고추와 토마토가 들어간 붉은 생선탕은 우리나라의 매운탕과 모양도 맛도 흡사했다.

아부나와프 씨의 부인은 지름 20센티미터쯤 되는 납작한 전통 빵을 팔뚝에 걸쳐 들고 있다가 조심스레 내 손에 건넸다. 속칭 '걸레빵'이라 불리는 이 빵은 아랍에서는 집에 화덕이 있는 집만이 직접 구워낼 수 있어 부의 상징으로 여겨진다고 한다. 호텔에서 맛보았던 어떤 빵보다도 훨씬 따뜻하고 고소한 풍미가 느껴졌다.

안주인은 내 옆에 앉아서 식사가 끝날 때까지 손님이 불편하지 않도록 세심히 배려해 주었다. 며느리들이 단아하고 기품 있어 보인다는 내 칭찬에 자녀들의 의견을 존중하며 신중히 맺은 인연이라며 자부심을 드러냈다.

대가족과 함께 화기애애한 식사를 마치자 뷔페가 차려졌던 바로 옆 작은 공간으로 안내했다. 비누와 수건이 준비되어 있어 간단하게 손을 씻을 수 있는 곳이었다. 다시 거실로 돌아가니 아랍식 티타임이 준비되어 있었다. 오렌지와 수박, 멜론 같은 과일이 풍성하게 놓였고 큰아들은 둥근 새장처럼 생긴 받침대에 '스티카나'라 불리는 소주잔 크기의 유리컵을 층층이 얹어 들고 다니며 작은 잔마다 홍차를 부어주었다. 다 마시면 새 유리잔에 다시 한 잔을 따랐다. 재미있는 것은 더 이상 마시고 싶지 않을 때는 유리잔을 살짝 흔들어야 한다는 것이었다. 그렇지 않으면 큰아들이 새 잔에 홍차를 다시 건네주고 또 권했다. 장난기 많은 아부나와프 씨의 큰아들은 내가 석 잔을 마셨을 때야 그 법을 알려주었다. 흔들지 않았으니 한 잔을 더 마셔야 한다며 '그것은 당신의 운명'이라고 익살스럽게 웃었다.

헤어질 시간이 다가오자 식구들이 한 사람씩 다가와 두 팔로 끌어안으며 양 볼 인사를 했다. 처음에는 악수와 목례만 나누었던 딸과 며느리들도 이제는 친한 사이가 된 듯 양 볼을 맞대었고 남자들은 여전히 악수로 마음을 전했다. 한국에 돌아와 지인들에게 쿠웨이트식 인사법을 알려주었더니 모두 깔깔 웃으며 의외로 재미있어했다. 자꾸 해보다 보면 친밀감이 급격히 높아지는 묘한 매력이 있었다.

아라비안나이트의 주인공들과 만난 듯했던 그날 밤, 흔들지 않고 연거푸 마신 아랍식 홍차에 취해 마치 양탄자를 타고 하늘을 나는 것처럼 몽롱했다.

고통의 축제, '아슈라'

쿠웨이트 타임지에 윗도리를 벗은 청년들이 채찍으로 자기 몸을 때리는 사진이 대문짝만하게 실렸다. 수려한 용모의 건장한 아랍 청년들 표정은 엄숙하고 비장하다. 2014년 11월 13일, 그날은 이슬람 시아파 최대 종교 행사 '아슈라'가 열리던 날이었다.

CNN 저녁 뉴스에서는 파키스탄 동부 국경 검문소에서 발생한 자살폭탄 테러 소식을 전했다. 170여 명의 사상자가 발생했고 현장은 말 그대로 아수라장이었다. 이라크 카르발라에서는 시아파 소년들이 수니파 무장단체 IS에 희생된 이를 상징하는 관을 들고 행진하는 장면도 보도되었다. 이슬람은 본래 '신에게 복종함으로서 평화에 이르는 길'을 의미한다. 그런데 왜 때로는 신의 이름으로 과격한 방식이 동원되는 걸까?

이슬람력의 첫 달은 '무하람'으로 '거룩한 달'을 뜻한다. 그중 1일부터 10일까지는 시아파가 무함마드의 외손자 이맘 후세인의 죽음을 애도하는 기간이다. 이슬람력은 음력을 따르기 때문에 1년이 354일 또는 355일로 태양력보다 열흘 정도 짧다. 매달 초승달이 처음 뜰 때마다 한 달이 시작되며 연초도 해마다 양력 가을쯤으로 밀려난다. 이슬람력은 622년, 무함마드가 메카에서 메디나로 이주한 '헤지라'를 기점으로 시작된다.

무하람의 마지막 날, 즉 열흘째 되는 날인 아슈라에는 후세인의 참수된 시신이 묻힌 카르발라에 수많은 시아파 신자들이 순례를 위해 모여든다. 후세인이 전사 당시 온몸이 찢기고 훼손된 채 사살되었기에 시아파 신자들은 그의 고통을 함께 나누기 위해 자신들의 이마와 등을 칼이나 채찍으로 때리며 상처를 내는 의식을 거행한다. 검은 옷을 입고 그 고통을 의례처럼 반복하는 모습은 비극적인 역사와 신앙이 얽힌 한 편의 종교극처럼 느껴진다.

한편, 수니파는 아슈라를 전혀 다르게 기념한다. 이날을 성스럽고 은혜로운 날로 여기며 후세인의 죽음과는 무관하다고 주장한다. 전통적으로는 경건한 날이지만 특별한 축하 의식은 없고 사원에서 새벽 기도를 드리는 정도다.

680년, 이맘 후세인은 이라크 카르발라 전투에서 수니파 정권에 저항하다 전사했다. 당시 무함마드 사후 공동체의 만장일치로 후계자를 선출하던 관행을 무시하고 권력을 장악한 야지드는 아버지로부터 세습을 받았다. 후세인은 그들을 신앙심 없는 세속 권력으로 간주하며 항거했지만 야지드에게 처참히 살해당했다. 이 사건을 계기로 이슬람은 수니파와 시아파로 분열되었다.

무함마드가 후계자를 명확히 지정해 두고 떠났더라면 어땠을까. 혈통을 중시하는 시아파와 공동체 합의를 우선시하는 수니파의 분열은 피할 수 있었을까? 코란과 신앙의 기초 원리를 공유하면서도 1300년 넘게 갈등을 이어가는 이 현실은 여전히 풀리지 않는 이슬람의 모순적 현실로 남아 있다. 서로를 이단이라 부르며 폭력과 살상을 종교의 이름으로 정당화하는 극단주의자들은 이해하기 힘들다.

무하람이 돌아올 때마다 쿠웨이트는 공휴일처럼 모든 관공서와 회사들이 문을 닫는다. 남편 회사의 시아파 직원은 올해도 어김없이 우리 집에 전통 음식 마끄부스와 과일을 가득 담은 은박지 도시락을 보내왔다. 시아파들이 모여 사는 루멘시아 지역은 며칠 전부터 천막이 세워지고 사람들이 북적였다. 오가는 이들에게 음료와 생수를 나눠주며 그들만의 방식으로 '애도와 나눔'을 실천하고 있었다.

쿠웨이트 국민의 약 85퍼센트가 이슬람 교도다. 이 중 수니파가 약 3분의 2, 시아파는 나머지를 차지한다. 전 세계 15억 이슬람교도 중 수니파가 대부분이며 하마스, 보코하람, 알샤바브, 탈레반, 알카에다, IS 같은 극단주의 세력도 모두 수니파 계열이다. 이라크, 이란, 바레인 등에서는 시아파가 강세를 보이지만 전체 중 약 10퍼센트에 불과하며 종종 박해와 차별을 경험한다.

자신의 몸을 자해하며 참회하는 시아파들의 행위는 상처를 넘은 신념의 표상일지도 모른다. 그들이 믿는 것처럼 이맘 후세인은 마지막 심판의 날에 중재자로 나타나 그들을 천국으로 인도할 수 있을까?

걸프만 바닷가에 사는 나는 오늘도 '알라는 가장 위대하다'는 기도 소리에 눈을 뜨고 다시 그 소리를 들으며 하루를 마무리한다.

> 알라는 가장 위대하다. 알라 외에 다른 신은 없다고 나는 증언한다.
> 마호메트가 알라의 예언자임을 나는 증언한다. 기도하러 오라.
> 구원받으러 오라. 알라는 가장 위대하다. 알라 외에 신은 없다.

하루에 다섯 번 울려 퍼지는 기도는 참으로 경건하다.

세속적이고 비종교적인 삶을 살아가는 나는 아쉬울 때만 하나님을 찾는다. 그래서 그들의 열렬한 신앙심 앞에 서면 문득 두려운 감정이 엄습한다. 신 앞에서 나는 얼마나 가벼운 존재인가 새삼 깨닫는다. 나에게는 닿을 수 없는 먼 별처럼 느껴지는 신을 향한 절대적인 믿음, 삶의 끝자락에서 과연 나는 무엇을 붙잡을 수 있을까.

유혹하는
아라비카

　　　　　　　　　　드디어 바닷가로 이사했다. 살미야, 걸프 로드 25번가에 자리한 우리 아파트는 삼 면이 바다를 향해 열려 있다. 창밖으로 펼쳐진 풍경은 마치 한폭의 그림 같다. 쿠웨이트살이 2년 만에 마음속으로만 그려오던 '살아보고 싶은 집'을 드디어 찾았으니 세상 부러울 게 없다.

　거실 통유리창 앞에 페르시아만 옥빛 바다가 끝없이 펼쳐져 있다. 저 멀리 보이는 수평선 너머가 이란이라는 게 실감 나지 않는다. 바다를 보며 밥을 먹고, 양치질을 하고, 해가 뜨고 지는 모습을 매일 구경한다. 이게 정말 꿈은 아니겠지? 아침마다 눈을 뜰 때면 슬그머니 살을 꼬집어본다.

　7층인 우리 아파트는 거실과 식당, 침실이 나란히 바다를 바라본다. 옆구리에 붙은 커다란 베란다까지 바다를 품고 있어 망망대해에 떠 있는 한 척의 배처럼 느껴진다. 주말이면 '시티 마리나'까지 이어지는 해변 산책로를 따라 걷고 카페에 들르는 게 유일한 낙이었는데 이제는 그 바다를 매일 끼고 살 수 있다니 로또라도 당첨된 기분이다.

매일 아침, 막 세수를 마치고 수평선을 건너온 듯한 싱그런 햇살에게 푹신한 소파를 내어주고 허리가 잘록한 아랍 커피포트에 물을 끓인다. 90도로 식힌 물에 원두커피 가루를 30초간 불린 뒤 뜨거운 물을 붓고 타이머를 3분 30초에 맞춘다. 턱을 괴고 유리 통창 너머로 집채만 한 화물선이 느릿하게 떠가는 모습을 바라본다. 그 배엔 무엇이 실려 있을까. 해외 이삿짐? 아니면 오일을 수출해 사들인 아라비카 커피 자루일지도 모르겠다.

이런저런 생각에 잠겨 있다가 유리 포트 속 긴 자루 필터를 아래로 눌러 아라비카 원액을 추출한다. 프렌치 프레스 커피의 그윽한 향이 공간 가득 매혹적으로 퍼진다.

갈색 침묵의 동반자. 커피는 헤어질 수 없는 연인 같다. 누구에게도 말하지 못한 고해성사의 서문이자, 수필을 쓰기 전 내 안을 깨우는 마중물이다.

커피를 가장 먼저 마신 것은 에티오피아 사람들이었다. 그들은 커피 열매를 끓여 죽을 만들거나 약처럼 먹었다. 전사들은 고통을 잊기 위해 커피 열매를 으깨 먹었고 마을의 주술사들은 병자에게 커피죽을 먹었다.

신비롭고 성스러운 식물로 여겨지던 커피는 이후 에티오피아인들이 침략한 예멘의 고산지대에서 대량 재배되기 시작했다. 여기서 오늘날 우리가 마시는 형태의 커피가 처음 등장했다.

7세기 이후, 약 천 년 동안 커피는 무슬림 세계의 전유물이었다. 술을 금하는 이슬람 성직자들에게 커피는 밤새워 기도하고 명상할 때 잠을 쫓는 최고의 각성 음료였다. 최초의 커피 품종 이름이 '아라비카'인 것도 아랍인들이 커피를 전 세계에 본격적으로 소개했기 때문이다.

에티오피아와 예멘에서 생산된 커피는 모카항에 집결해 시리아, 이집트, 메소포타미아로 퍼져나갔다. 예멘은 커피 종자의 유출을 막기 위해 원두를 볶아 수출했는데 이것이 커피 로스팅 전통의 시작이 되었다.

십자군 전쟁 때 커피는 '이교도의 음료'로 불리며 배척되었다. 로마 교회는 각성 효과가 마음을 유혹한다며 금지령을 내렸지만 커피 맛에 반한 교황 클레멘스 8세는 커피에 세례를 내리는 해프닝까지 벌였다.

16세기 중반, 오스만 제국이 예멘을 정복하고 커피콩을 손에 넣은 뒤 제국은 지구상에서 가장 강력하고 생명력 있는 나라가 되었다. 커피는 단순한 음료가 아니라 문명을 움직이는 힘이 되었다.

아랍이 커피를 독점하던 시절 아랍 문명은 융성했고 프랑스 혁명의 불씨 또한 파리의 카페에서 피어올랐다. 커피가 처음 출현하던 시기 영국은 바다를 건너 세계를 지배했다. 물론 커피 하나로 역사가 쓰인 것은 아니다. 하지만 커피라는 작은 문화가 역사의 방향을 움직인 순간이 있었다는 사실은 의미심장하다.

예멘 고산지대에서 천 년 전 익어가던 커피 열매의 향기와 전통이 지금 아라비아만을 건너 쿠웨이트 우리집까지 이어지다니, 갈색 유혹은 여전히 강력하다.

2012년 봄, 쿠웨이트에 첫발을 디뎠을 때 가장 먼저 눈에 띈 것은 유난히 많던 '스타벅스' 매장이었다. 별 왕관에 라면 머리를 늘어뜨린 세이렌 로고가 한국에서도 익숙했던 터라 반갑기도 했지만 아랍 땅마저 외국계 커피 전문점들이 점령한 모습은 어딘가 의아했다. 토종 커피가 아무리 분투해도 이겨낼 재간이 없는 걸까.

현지인 아부나와프의 집에서 처음 마신 아랍 커피는 내가 알고 있던 커피와 전혀 달랐다. 아라비카 원두를 갈아 향신료와 함께 끓인 커피는 달콤하면서도 톡 쏘는 매운맛, 신맛이 뒤섞인 묘한 맛이었다.

"몸에 좋은 생강과 향신료, 카다몬이 들어가요."

현지인의 그 말을 듣고서야 낯선 향과 맛이 조금 이해되기 시작했다.

전통 아랍 커피는 공이로 간 원두를 작은 주전자에 넣고 여러 번 끓인 뒤 침전물을 가라앉혀 마신다. 요즘은 여과법을 써서 찌꺼기를 걸러내고 꿀이나 우유를 넣어 부드럽게 즐기기도 한다.

아부나와프 씨는 알라딘의 요술램프를 닮은 아랍 커피포트에서 손잡이 없는 작은 잔에 연한 갈색 커피를 계속 따라주었다. 더는 마시지 않겠다는 표시로 손을 흔들자 그는 조용히 웃으며 "빈 잔을 옆으로 흔들어줘야 해요"라고 예법을 알려주었다.

아랍 커피는 낯설었지만 향이 독특한 원조 커피를 마시는 체험은 꽤 흥미로웠다. 20세기에 등장한 인스턴트 커피와 에스프레소 머신이 전 세계를 장악했지만 아랍인들의 가정 초대나 행사장에선 여전히 전통 방식의 커피가 살아 있었다.

외세의 물결에도 꿋꿋이 버텨온 이 갈색의 유산, 오래도록 변치 않고 남아 있기를.

예술가들에게 창작의 원동력이 되어주기도 하는 커피는 찬미의 대상이 되어 숱한 낭만적인 어록을 남겼다. 그러나 그 뒤에 감춰진 가혹한 식민과 노예의 역사를 외면할 수는 없다.

1728년, 프랑스 식민지 마르티니크섬에 '자메이카 블루마운틴' 커피나무를 재배하기 위해 40만 명의 흑인 노예가 끌려왔다고 한다. 인류가 만들어낸 가장 참혹한 장면 한복판에 커피가 있었다.

오늘날 명품 커피라 불리는 그 한 잔에는 노예들의 땀과 울음, 고통의 기억이 배어 있다. 지금 이 순간에도 전 세계 50개국 커피 농장에서 일하는 인부 중 약 3분의 1은 고작 15세 안팎의 어린아이들이다. 저렴한 인건비로 착취당하는 그들의 눈물을 떠올리면 다시금 커피는 달콤한 유혹이 아닌 악마의 속삭임처럼 무겁게 다가온다.

2002년부터 공정무역 커피가 생산자와 소비자, 환경을 함께 생각하며 거래되기 시작했지만, 정작 원칙에 따라 공정하게 유통되는 비율은 아직도 미미하다. 우리가 마시는 커피 한 잔이 누군가의 고단한 하루 품삯일 수도 있음을 잊지 말아야겠다.

창 너머, 페르시아만 바다 위로 커피콩 자루를 실은 옛 화물선이 홍해를 건너오듯 거대한 선박 하나가 조용히 미끄러지고 있다. 커피의 품종 중 하나인 아라비카는 그 부드럽고 깊은 향으로 세계인의 사랑을 받는다.

커피는 어쩌다 터키 속담처럼 "지옥처럼 검고, 죽음처럼 강하며, 사랑처럼 달콤"한 것이 되었을까? 나를 유혹하는 아라비카, 그건 삶을 천천히 우려내는 방식이기도 하다.

오늘도 나는 이 갈색 유혹을 마시며, 그 이면에 깃든 수많은 이야기를 생각한다.

아무리타는
오지 않고

　　　　　　　　　　　아무리타는 오지 않는다. 벌써 3주째 소식이 없다. 전화를 걸어보면 삐이~찌지직 소음만 들릴 뿐 도무지 연결이 안 된다. 네팔에 두고 온 다섯 살짜리 딸, 쿠마리에게 무슨 일이 생긴 걸까. 핸드폰 속 딸의 사진을 보여주며 환하게 웃던 그녀의 모습이 자꾸 떠오른다. 아이는 누가 키우는지, 남편은 무슨 일을 하는지 미처 묻지 못했다.
　아무리타가 우리 집에 오기 시작한 지 1년이 다 되어 간다. 일주일에 세 번, 늘 같은 시간에 왔다. 조용하고 과묵한 성격이라 궁금한 게 있어도 쉽게 말을 걸 수 없었다.
　서른다섯 살의 아무리타는 하얀 피부에 이목구비가 뚜렷하고 갸름한 얼굴을 지닌 미인형이었다. 특히 결기 어린 눈빛은 그녀를 더욱 당당하고 매력 있게 보이게 했다. 일할 때 과체중 탓에 자주 숨을 몰아쉬곤 했지만 성실하고 선량한 인상 덕분에 첫날부터 호감이 갔다.

아침에 오면 4시간 동안 말 한마디 없이 묵묵히 일했다. 그녀와 가까워지고 싶었지만 도무지 틈을 주지 않았다. 한국보다 절반이나 낮은 임금이 미안해 간식이라도 건네면 그녀는 정중히 고개를 저으며 손사래를 쳤다. 마치 중요한 임무를 수행하는 전사처럼 옆도 뒤도 돌아보지 않고 일에만 몰두했다. 일이 끝날 무렵 베란다 물청소를 할 때 내가 굵고 긴 호스를 붙잡아 주면 그제야 "고맙습니다" 하고 살짝 웃는 게 전부였다. 그렇게 두 달쯤 지났을 무렵 그녀가 핸드폰 속 딸의 사진을 보여주었다. 엄마를 닮아 눈망울이 크고 귀여운 아이였다.

아무리타는 그 어린 딸을 고국에 두고 오전과 오후 두 타임을 뛰며 정신없이 일하고 있었다. 언제나 일당을 받아 갔던 그녀에게 내가 집을 비운 날 마지막 급료를 전하지 못한 것이 영 마음에 걸렸다. 그래서 그녀를 소개해 준 한인이 사는 아파트 경비실을 찾아갔다.

그곳에서 만난 인도 남자는 넉살이 좋아 보였다. 그는 그녀가 추방될 수도 있다고 하더니 곧장 급료를 전해줄 테니 자신에게 맡기라고 말했다. 지갑을 만지작거리다 의심쩍은 마음이 들어 돈은 건네지 않았다. 혹시 연락이 닿으면 내가 기다린다는 말만 꼭 전해달라고 당부했다.

석가모니가 태어난 나라, 네팔. '신의 보호를 받는 땅'이라는 그 이름과는 달리 정작 사람들은 타국에서 홀대받고 떠돌며 고생을 거듭한다. 그 모순이 마음을 무겁게 한다.

쿠웨이트는 봄에서 여름으로 넘어가는 3월부터 5월 사이, 사막에서 불어오는 뜨거운 모래바람으로 몸살을 앓는다. 페르시아만이 내려다보이는 드넓은 바다 전망에 반해 이사를 결심했건만 방세 칸짜리 아담한 아파트에 유독 넓기만 한 지붕 없는 베란다는 도무지 이해할 수 없었다. 마당처럼 빨래를 널고 멍하니 앉아 먼 바다를 바라보거나 밤엔 별을 보는 재미가 쏠쏠했지만 바람이 세게 불어 모래가 쌓이면 청소는 감당이 안 됐다. 결국 도와줄 사람이 절실해져 한인 이웃에게 스리랑카 아줌마를 다시 소개받기로 했다.

쿠웨이트에서는 버스를 외국인 노동자들만 이용한다는 게 문득 떠올라 그녀가 온다는 시간에 베란다에서 버스 정류장을 내려다보았다. 2015년 당시 전체 인구 350만 명 중 3분의 2가 외국인이었고 그중에서도 노동자들이 대부분을 차지했다. 기름값이 물값보다 싼 나라, 가족 수대로 차를 보유한 부자들이 사는 나라 대중교통은 자연스럽게 노동자의 몫이 되어버렸다.

까무잡잡한 얼굴에 키가 크고 마른 여자가 버스에서 내려 아파트를 향해 걸어오는 모습이 눈에 들어왔다. 역시나 우리 집 초인종을 누른 그녀는 자신을 '낼리니'라고 소개했다. 진한 화장에 금빛 장신구가 번쩍이는 옷차림은 꽤 멋을 부린 모습이었다. 목에는 금목걸이를 두세 겹 둘렀고 말할 때마다 팔찌와 귀걸이가 요란하게 흔들렸다. 신뢰를 얻고 싶었던 걸까. 자신은 크리스천이며 매일 저녁 교회에 간다고 여러 번 강조했다. 그녀는 불교가 우세한 스리랑카에서, 인구의 약 7퍼센트에 해당하는 기독교인이었다.

낼리니는 잘 웃고 상냥했지만 일은 대체로 건성건성 대충이었다. 무언가를 물으면 감자 줄기에 딸려 나오는 덩이처럼 말이 길고 많았다. 그래도 그 이야기들이 제법 흥미로워서 종종 말 잔치를 열심히 들어주곤 했다.

그녀는 쿠웨이트 현지인 집에서 10년 넘게 상주하며 일해왔다며 이따금 흉을 늘어놓았다. 돈은 많지만 어른들은 게으르고 아이들은 공부에 흥미가 없으며 청소년들은 오토바이를 몰고 나가 사고를 치기 일쑤라고 했다. 매일 노란 볶음밥과 양고기를 산처럼 요리하게 시켜 놓고는 절반도 먹지 않고 버리는 일이 반복돼 힘들었단다. 함께 살던 스무 살 딸은 이상한 남자들이 들끓는 환경이 걱정돼 결국 스리랑카로 돌려보냈다고 했다. 이제 자기 차례라며 조금만 더 돈을 모아 귀국할 거라며 웃었다.

불법 체류자 단속이 점점 심해지고 있다며 그녀는 일당을 꼬박 꼬박 챙겼다. 친구들이 갑자기 사라지는 건 대부분 강제 추방 때문이라 했고 아마 아무리타도 그런 경우일 거라고 확신에 찬 목소리로 말했다.

혹시나 해서 '쿠웨이트 타임스'를 찾아보았다. 거리나 공항에서 체포돼 강제 출국당하는 불법 체류 노동자들이 하루 20명이 넘었고 많은 날은 100명을 훌쩍 넘었다. 인구 불균형 문제를 심각하게 받아들인 정부는 2년 전부터 무관용 추방 정책을 강력히 시행 중이었다.

2000년 이후, 쿠웨이트는 중동에서 중요한 정유 플랜트 프로젝트가 대거 집중되면서 외국인 유입이 급격히 늘었다. 특히 임금 수준이 주변 산유국보다 높았던 탓에 노동자들의 발길이 이어졌다. 인도인이 가장 많았고 그다음이 필리핀이었다.

자국민보다 외국인이 더 많아지는 상황은 분명 위협적인 사회문제일 수도 있다. 그래서일까. 정부는 점점 더 강경한 정책을 펴는 듯했다. 그러고 보니 쿠웨이트에서 아랍어를 쓸 일이 없었던 이유가 떠올랐다. 햄버거집은 물론, 카페와 백화점, 쇼핑몰 등 어디를 가도 응대하는 건 대부분 필리핀 점원이었다. 언어 장벽을 극복하려고 도착하자마자 인터넷으로 아랍어를 열심히 공부했지만 '슈크란(감사합니다)'조차 쓸 일이 별로 없다는 걸 알고는 바로 중단했던 그 아쉬운 기억이 스치고 지나갔다.

쿠웨이트는 영어가 아랍어를 밀어낸 지 오래인 듯했다. 중산층 가정에서는 자녀를 미국 국제학교에 보내는 것이 일반적이었고 현지인들의 영어 실력도 상당히 높았다. 시장에 가면 아랍어를 쓰는 이집트인을 종종 만나기도 했지만 방글라데시나 인도 출신 상인들은 "배추! 배추!" 혹은 "이거, 이거, 싸다니까요" 하며 오히려 한국말로 먼저 말을 걸어왔다.

쿠웨이트에는 당시 우리나라 건설사와 석유정제 플랜트 업체가 프로젝트를 수행 또는 수주하기 위해 진출한 기업이 20곳이 넘었다. 1970년대 중반, 중동 건설 붐을 타고 진입한 이후 30년 넘게 인연을 이어온 나라. 이제는 사막 현장에서 한국인 노동자를 찾아보기 어렵고 선글라스를 쓰고 현장을 오가며 지휘만 하는 간부들만 남았다고 한다.

그런데 어느 날, 남편의 지인인 이란의 부자 알리아의 건설회사에 북한 노동자가 700명이나 있다는 말을 듣고 깜짝 놀랐다. 그가 야자나무 농장이 딸린 별장에 우리를 초대했을 때 북한산 인삼차 한 봉지를 건네며 "사우스 코리아와 맛을 비교해 보라"며 웃던 모습이 잊히지 않는다. 그 순간, 어쩐지 조롱당하는 듯한 묘한 낭패감이 밀려왔다. 값싼 노동력을 등에 업고 날마다 부를 쌓아가는 알리아씨는 남과 북의 사람들을 각각 만나며 무슨 생각을 할까.

아무리타는 오지 않고

아무리타는 끝내 오지 않고, 낼리니는 쉴 새 없이 말이 많고, 알리아는 값싼 고용으로 날마다 엄청난 부를 쌓고 있구나. 그날 밤, 우리 집 앞 페르시아만의 퍼런 바다는 뒤척뒤척 잠을 이루지 못했다.

사막에 핀
야생화

2014년 봄 어느 날, 쿠웨이트 영자신문 아랍 타임스의 사회면을 펼쳐 들고 한낮의 밝은 햇살 아래 검은 관이 옮겨지는 사진을 유심히 들여다보고 있었다. 그것은 에티오피아 메이드의 칼에 맞아 죽은 열아홉 살 쿠웨이트 소녀를 운구하는 장면이었다. 하얀 아랍 전통복을 입은 남자들에 둘러싸인 검은 관, 한창 꽃 필 나이의 소녀가 비참하게 죽어 저승길로 가야만 하는 사연은 무엇이었을까? 사망 당일 해지기 전에 시신을 묻는 아랍의 장례문화를 생각해 보면 소녀는 전날 밤이나 당일 이른 아침에 숨졌을 가능성이 컸다.

기사의 첫머리는 분노로 폭발한 의원들이 에티오피아인의 채용을 당장 중지시키고 현재 일하고 있는 에티오피아 가정부들을 전원 추방하라고 정부에 강력히 촉구했다는 내용으로 시작했다. 이 비극은 정부 고위 관직의 집에서 벌어진 사건이라 후폭풍이 더욱 거세 보였다. 당시 외국 노동자가 저지른 살인 사건이 이미 13번째인 사실도 충격적이었지만 그 사건의 범인 중 11건의 범인이 에티오피아인이라는 점에 쿠웨이트 국민은 분노와 경악을 감추지 못했다.

특별한 원인이 있는지 궁금하여 나는 범죄를 다룬 지난 기사들을 샅샅이 뒤져보았다. 가정부들이 돈과 보석을 훔쳐 달아났거나 주인집 아이를 때려 쫓겨난 이야기, 강간, 자살, 혹은 정신 이상으로 알몸 상태로 바닷가를 걷다 경찰에 붙잡힌 사건 등, 기구한 사연의 주인공들은 국적도 다양했다. 그러나 이번 사건처럼 정확한 원인이 보도된 경우는 좀처럼 찾아볼 수 없었다. 중동의 부유한 나라들에서 외국인 노동자에 대한 인권 탄압이 심각하다는 비판의 목소리에 마음이 갑갑해졌다.

사우디 위성방송 '알아라비야'가 밝힌 '가사 노동자들의 인권 실태' 보고서에 따르면 당시 약 300만 명의 동남아 출신 가사 노동자들이 최악의 조건에서 일하고 있었다. 가난한 나라에 태어났다는 이유만으로 사막에 내던져진 청춘들은 주인의 언어폭력과 신체적 학대에 시달렸고 견디다 못해 흉기로 주인을 살해한 뒤 참수형을 당하는 끔찍한 사건이 자주 발생했다. 인간 세상이 왜 이토록 잔인해야만 했을까.

쿠웨이트에서는 가정부 고용이 일상화되어 있었다. 상점에서는 가정부 전용 옷까지 판매되었고, 레스토랑이나 쇼핑몰, 바닷가 산책로 등지에서는 커다란 흰 칼라와 큰 주머니가 달린 분홍색 유니폼을 입은 가정부들이 아이를 돌보거나 노인을 시중드는 모습이 심심찮게 눈에 띄었다. 그들 대부분은 필리핀, 스리랑카, 인도, 네팔, 방글라데시 등 동남아시아나 에티오피아 출신이었다. 어릴 때부터 시중을 받으며 자란 부유한 현지인들은 아시안 노동자들을 무시하거나 깎아내리는 태도를 보이곤 했다. 외출 시 단정한 옷차림과 조심스러운 행동을 당부하던 쿠웨이트 한인회의 지침은 그 현실을 간접적으로 보여주는 사례였다.

에티오피아 출신 가정부는 사건 발생 사흘 만에 사형을 선고받았다. 세상에 알려진 대부분의 사건에서 피해자는 결국 사회적 약자였다. 흉흉한 사건이 터질 때마다 그 뒤에는 가난한 나라에서 온 미성년자가 희생양이 되는 일이 많았다. 통역 보조도 없이 강압에 의해 거짓 자백이 이루어진 정황에 대해 국제 인권 단체들은 끊임없이 의문을 제기하고 있었다.

쿠웨이트인은 태어나는 순간부터 정부로부터 수많은 혜택을 받아 왔다. 1970년대 석유가 가져다준 부 덕분에 유치원부터 대학교까지의 교육비는 물론 피복비와 교통비, 식사까지 정부가 부담했으며 해외 유학생에게는 교육비뿐 아니라 왕복 항공료와 매달 용돈까지 지급했다. 결혼자금, 출산 축하금, 주택 임대 수당까지 포함된 이 엄청난 복지 혜택 속에서 사람들은 굳이 힘들게 일할 이유를 느끼지 못했을 것이다.

그들은 인생을 편안히 즐기며 사는 반면 외국인을 대상으로 한 비자 알선 폭리와 인권 유린 문제는 점점 심각해졌다. 척박한 땅에 신이 석유라는 축복을 내렸다면 그 축복에 감사하는 마음으로 타인에게 조금 더 관대할 수는 없었을까. 인간에 대한 존중이 타국에서 옮겨온 식물이나 꽃을 아끼는 마음만큼만 있었더라도 인권 논란은 지금보다 줄어들지 않았을까.

내가 알고 지낸 현지인들 가운데는 인도주의적인 이들이 많았고 거리의 청소부에게도 후하게 팁을 주는 신사적인 사람들도 있었다. 그래서 마음 한켠이 늘 알쏭달쏭하고 혼란스러웠다.

50도가 넘는 뜨거운 태양을 견디며 자라는 쿠웨이트의 나무들을 보면 고맙고 기특해서 눈물이 난다. 숨 막히는 긴 여름, 불볕에 시달리는 그들의 속내는 과연 이파리처럼 푸르기만 할까. 고향을 떠나 사막 땅에 뿌리 내린 나무들은 발아래 호스에서 끊임없이 흘러내리는 물방울 덕분에 열사의 불가마를 버텨낸다. '쿠웨이트는 나무 한 그루가 1억'이라는 말이 생긴 이유를 이제는 알 것 같다. 타국에서 온 나무들도 물을 공급받으며 살아가는데 왜 사람은 같은 땅 위에서조차 뿌리를 내리지 못하고 흔들려야 하는가.

잠깐 낮잠이 든 사이 모래바람이 지나갔는지 하늘이 흐려졌다. 사막성 기후의 쿠웨이트에서 모래바람은 계절이 바뀐다는 신호다. 태양에 지친 나무들은 모래바람에 몸을 맡긴 채 조용히 흔들린다. 가을이 온다는 소망을 품고 나무들은 눈을 감은 채 인내하고 있으리라.

가을에서 겨울로 이어지는 짧은 우기가 다가오면 쿠웨이트 도심의 공터나 사막에는 키 작은 노란 야생화들이 피어난다. 돌보지 않아도 스스로 피어나는 납작한 꽃들은 이제 곧 한 계절을 살기 위해 척박한 땅속에서 꼬물꼬물 싹을 밀어 올릴 것이다. 깊은 어둠 속에서 깨어난 꽃들이 비록 한철일지라도 제 생을 온전히 피워내길 소망한다.

풍요의
역습

 2012년, 아랍타임스에서 '당신에게 당뇨병이 없다면 쿠웨이트 사람이 아니다'라는 기사를 보고 깜짝 놀랐다. 국민의 70퍼센트 이상이 과체중이라는 사실도 충격적이었지만 그로 인한 심장병과 당뇨병 발생률이 세계 최고 수준이라는 점이 더 놀라웠다. 무상 의료, 교육, 주택까지 보장되는 꿈의 복지국가 쿠웨이트에 이런 건강의 복병이 숨어 있을 줄은 미처 몰랐다.

 쿠웨이트 부자들은 섭씨 50도를 넘는 여름이 오면 몇 달씩 해외로 피서를 떠난다. 남은 사람들은 강력한 에어컨 바람이 나는 쇼핑몰에서 걷기 운동을 한다는데 그 풍경이 궁금했다.

 이 나라 최대의 쇼핑몰 '에비뉴'는 우리 집에서 자동차로 20여 분 거리였다. 낮은 건물에 넓게 이어진 쇼핑몰은 상상 이상으로 넓었고 강력한 에어컨 바람이 중동의 불볕 태양을 잊게 해주었다.

스타벅스, 치즈케이크 팩토리, 딘앤델루카, 이케아, 카르푸 등 익숙한 글로벌 브랜드들이 나란히 늘어서 있었다. 그 낯익은 간판들이 이 낯선 풍경 속에서 묘한 기분을 자아냈다.

황금빛 대리석이 반짝이는 영국 백화점 '하비니콜스'와 명품 거리, 그리고 길게 늘어선 멋진 야자나무들이 쇼핑몰의 운치를 더했다.

드디어 운동하는 사람들이 보였다. 머리에 하얀 천, 고트라도 벗지 않고 발목까지 내려오는 하얀 디슈타샤에 운동화를 신은 남자들이 길게 걸어가고 있었다. 쿠웨이트 사람들은 얼굴이 희고 이목구비가 뚜렷하며 골격이 크고 키가 크다. 하지만 전통복 속에 숨겨진 비만을 실감할 수 있었다.

두 눈을 망사로 가린 부르카와 검은 망토의 아바야를 입은 여인들이 남자들과는 적당한 거리를 두고 쇼핑몰을 유영하듯 걸어갔다. 그 풍경은 마치 타임머신을 타고 아라비안나이트 속으로 들어간 듯한 기분을 주었다. 옷차림이 다양한 이유를 물어보면 "집안마다 종교적 자유가 다르다"라는 말 외에는 특별한 것은 없었다.

우리 막내가 다니는 현지 미국국제학교 졸업식에서도 서양식 드레스를 입은 알사바 왕가의 공주들 대부분이 마른 체형이 아니었다. 금수저를 물고 태어난 그들은 '나는 아시안이 아니다'라며 우월주의를 드러내기도 했는데 그 점을 우리 아들은 가장 불편해했다.

대부분의 쿠웨이트인들은 관공서에서 일하며 육체노동과는 점점 거리가 멀어졌고 국민 전체가 좌식 생활에 익숙해졌다. 2~3세대 전까지만 해도 어로, 목축, 진주 잡이 등 육체적인 노동으로 생계를 이어가던 국민들은 이제 복지 정책의 그늘 아래에서 일하려는 의욕을 상실한 듯 보인다.

천성적으로 기름지고 단 음식을 좋아하는 쿠웨이트 사람들은 점심을 2시 넘어서 먹고, 저녁은 10시가 되어야 먹는 습관을 지닌다. 심각한 비만율은 뜨겁고 건조한 기후, 서구화된 식습관 그리고 가사도우미와 요리사를 둔 여유로운 생활이 어우러져 나타난 결과다. 특히 여성들의 비만율이 남성보다 더 높은 상황이다.

비만의 심각성을 인식한 정부는 급진적인 처방보다는 건강한 생활 습관과 식습관 개선에 힘을 기울이고 있다. 저칼로리, 고단백 도시락이 대형마트에 등장했고, '버거부티크', '로팻' 같은 건강식 전문 브랜드도 생겨났다. 특히 '로팻'은 어린이용 체중조절 도시락부터 성인을 위한 근육 강화 식단까지 다양하게 제공하며 3년 만에 고객이 다섯 배나 늘어나는 폭발적인 성장세를 보였다.

비만은 이제 중동뿐만 아니라 전 세계적인 문제로 자리 잡았다. 세계비만연맹(WOF)의 2023년 보고서에 따르면 2020년 세계 인구의 38퍼센트가 과체중이었으며, 이 수치는 2025년까지 42퍼센트에 이를 것으로 예측된다. 비만은 더 이상 개인의 건강 문제를 넘어서 국가 차원에서 대책이 필요한 심각한 사회적 과제가 되었다.

특히 평균 소득이 높은 국가들은 비만율이 비교적 평준화되었으나 저소득·중위소득 국가들의 비만율은 급격히 증가하고 있다. 가난한 나라일수록 값싸고 푸짐한 인스턴트식품이나 패스트푸드에 쉽게 노출되며 영양부족과 비만이 동시에 존재하는 이중 위기에 직면하게 된다. 결국 가장 건강한 해결책은 올바른 식생활을 유지하고, '맛있는 유혹'과 싸워 이기는 습관을 들이는 것이다.

오늘날 비만 퇴치를 위해 다양한 식단 조절법과 다이어트 방법이 개발되고 유행하고 있지만 성공이 쉽지 않다. 비만약의 개발도 가속화되고 있지만 그 비용과 부작용에 대한 우려가 여전히 크다. 살찌는 것은 단지 몸만이 아니다. 비만은 욕망의 다른 얼굴이다.

머지않은 미래, 우리나라 신문에서 "당신에게 당뇨병이 있다면 한국 사람이 아니다"라는 기사를 보게 되기를 기대한다.

4부

신짜오
하노이

두 바퀴 세상, 하노이로 떠나다

타오의 된장찌개와 콩나물 아줌마 푸엉

하노이의 설날 '뗏'

엄푸시장의 작은 소동

흐엉 양장점의 추억

나의 동지, 수이엔

못 하이 바본

후회 없는 후에 여행

두 바퀴 세상,
하노이로 떠나다

　　　　　　　　　　남편이 베트남 하노이 지사장으로 발령받은 2001년 11월은, 9.11 테러의 여파가 채 가시지 않은 때였다. 세상은 여전히 공포에 휩싸여 있었고 우리 마음도 마찬가지였다. 갑작스러운 해외 발령으로 봇물 터지듯 밀려온 일들을 감당하면서도 마음 한편은 불안과 걱정으로 가득했다.

　늦가을 낙엽을 밟으며 남편은 먼저 떠났고 나는 흰 눈이 펑펑 내리던 날 세입자를 구해달라며 부동산에 집을 내놓았다. 자동차는 친척에게 급히 넘기고 청주에 홀로 사는 친정엄마 집엔 중요한 살림살이를 박아두었다. 두 달 동안 떠날 채비를 차근차근 마무리했다.

　우리 가족의 두 번째 해외살이였다. 리비아에서 돌아온 지 4년 만에 또다시 낯선 나라로 향하는 짐을 쌌다. 짐이라고 해봐야 비행기에 실을 수 있는 아이들 옷가지며 간단한 식품 몇 가지뿐이었지만 중동까지 멀리 떠났던 경험 덕분인지 이번 동남아살이는 그다지 부담스럽지 않았다.

  짐을 부치고 좌석표를 받자마자 탑승객이 너무 많아 등 떠밀리듯 출국장으로 들어갔다. 몇 군데 꼭 전화로 인사하려던 것도 포기한 채 공항까지 배웅 나온 가족들에게 이웃집 다녀오듯 짧게 작별 인사를 하고 말았다.
  "잘 살다 와라." 건강이 좋지 않은 친정엄마의 태연한 인사말 뒤에 숨은 쓸쓸한 미소를 나는 한 줌, 호주머니 속에 꼭 넣어왔다.
  비행기가 천천히 지상을 기어갔다. 창공을 날기 전 숨 고르기라도 하듯 덜컹거리는 기체에 몸을 맡기고 눈을 감는다. 너무 피곤해서 그런지 머릿속은 수소 풍선처럼 부풀어 있고 온몸은 진공상자 속 어딘가 붕 떠 있는 느낌이다.
  마침내 구름 위에 이르자 억눌렀던 감정이 터지듯 눈물샘이 출렁인다. 미지의 세계에 대한 두려움이 밀려오고 뒤에 두고 온 이들과의 이별의 애틋함이 구름 아래로 멀어져 간다. 비행장 근처까지 따라와 배회하던 안개는 점차 걷히고 창밖으로는 햇살 눈 부신 흰 구름밭이 펼쳐진다. 아, 하늘은 이별도 모른 채 저렇게 평온하기만 하구나.
  터진 양쪽 허리선으로 속살이 비칠 듯 말 듯 빨간 아오자이를 입은 여자 승무원이 건넨 주스 한 잔을 마시며 내가 지금 베트남으로 가고 있다는 사실을 비로소 실감한다.

베트남은 월남이라는 이름으로 우리에게 친숙하다. 초등학교 시절, 월남 참전 용사였던 외삼촌이 가수 남진과 어깨동무하고 찍은 사진을 침 튀기며 친구들에게 자랑했던 기억이 난다. 교통사고로 일찍 돌아가시지 않았더라면 야자나무 아래서 이국 소녀와 함께 사진 찍은 그곳이 어디쯤인지 알려주고 떠나는 나에게 무용담이라도 한 번 더 들려주었을까.

베트남은 인도차이나반도 동쪽에 위치하여 남북으로 길게 뻗어 있다. 지정학적 위치 때문에 외세의 침략을 자주 받았고 프랑스의 식민 지배를 거쳤으며 남북 분단의 아픔까지 겪은 베트남의 역사에는 우리나라와 닮은 점이 많다.

하노이는 가녀린 S자의 윗부분, 풍성한 머리칼을 휘날리듯 땅이 넓게 펼쳐진 땅에 자리 잡고 있다. 붉은 홍강 델타의 수도 하노이, 베트남 문학 속에 수없이 묘사된 그곳에서 나도 무엇인가 꿈꿀 수 있을까?

"가서 좋은 일 많이 하고 와. 우리가 빚진 나라이기도 해."

평소 역사와 사회 정의, 생명 공동체에 관심이 많은 선배의 의미심장한 말을 흘려듣지 않게 된다. 우리나라는 자유 베트남을 돕기 위해 8년간 국군을 파견하여 경제특수를 누리기도 했지만, 전쟁의 상처는 아직 청산하지 못한 역사적인 빚으로 서로의 가슴에 남아 있다.

구름밭이 어디론가 사라지고 햇빛의 반사 때문인지 눈앞에 하얀 허공이 이어진다. 눈앞에 펼쳐진 백지에 현기증이 난다. 사랑하는 정다운 사람들과 소중한 어떤 것들이 모두 백지 뒤로 숨은 것처럼 허전하다. X표와 함께 작업 실패라는 썰렁한 메시지가 금방 떠오를 듯한 컴퓨터 화면 같아서 억지로 눈을 감고 잠을 청했다.

하노이의 노이바이 공항에 내리자 또 한 번 눈물샘이 출렁였다. 타국의 후덥지근한 바람이 달려와 몸을 감싸안는다. 입국 신고서를 확인받는 마지막 절차를 하기 위해 줄을 섰다. 여권을 꼼꼼히 들여다보는 남자의 황색 제복 견장에 달린 붉은 별을 보고 사회주의 국가에 왔음을 실감한다. 베트콩이란 말이 갑자기 떠오르고 우리와 적수였다는 생각에 긴장감이 몰려오고 진땀이 났다. 지루한 심사가 끝나자 황급히 그곳을 빠져나왔다.

두 달 만에 우리 가족은 기쁨의 재회를 하고, 짐을 가득 실은 녹색 지프차는 이국의 낯선 땅을 달렸다. 산은 보이지 않는 끝없는 들판에 파릇파릇한 모판들이 보이고 한편에선 '넌'이라 불리는 원뿔 모자를 쓴 농부들이 모내기를 하고 있다. 고향의 들판을 달리는 듯 친근하다. 1년에 세 번 벼농사를 짓는다고 하니 가난한 나라지만 쌀밥은 실컷 먹을 수 있겠다.

한참을 달려가던 중, 문득 창밖으로 무덤들이 눈에 들어온다. 예쁜 서양식 집 모양의 구조물 앞에 비석이 세워져 있다. 프랑스의 오래된 지배 흔적이 이렇게 남아 있다는 생각에 마음이 짠해진다. 베트남에 도착해 시내로 들어서는 길목에서 만난 이 풍경이 오래도록 기억에 남을 것 같다.

30분쯤 달리자 시내가 점점 가까워졌다. 낙후된 도시의 오밀조밀한 가게들이 눈에 들어온다. 어딘가 익숙한 풍경이 옛 시절을 떠올리게 해 잠시 과거로 돌아간 듯한 착각이 든다.

도심에 가까워질수록 우리의 눈은 점점 커졌고 아이들은 흥분해 비명을 질렀다. 수많은 오토바이와 자전거가 거리를 가득 메우고 있었기 때문이다. 뉴스로 접한 적은 있지만 실제로 눈앞에 펼쳐진 그 광경은 충격에 가까웠다. 자동차들은 두 바퀴 사이를 비집고 뒤뚱거리며 지나가고 오토바이들은 곡예 하듯 사방으로 흩어졌다가 다시 모이기를 반복했다. 남녀노소 할 것 없이, 바구니를 단 오토바이들이 혼자 혹은 가족 단위로 인해전술처럼 거리를 질주하는 모습은 아슬아슬하기만 했다.

몸부림치듯 쉼 없이 흐르는 두 바퀴의 행렬 속으로 우리 가족도 서서히 빨려 들어갔다.

"어 어어~!"

아이들은 신기한 듯 소리쳤고 또 다른 세상, 하노이는 그렇게 가쁜 숨을 토하며 우리 앞으로 달려오고 있었다.

타오의 된장찌개와
콩나물 아줌마 푸엉

하노이에 온 첫날, 창문 밖 오토바이 물결을 보며 낯선 도시의 시작을 실감했다. 자동의 두 바퀴와 수동의 자전거가 뒤엉켜 아슬아슬 흘러가는 거리 풍경을 훔쳐보며 스스로 2주를 칩거했다. 가족과 함께 옷 가방 몇 개만 달랑 들고 떠나간 미지의 도시에서 호된 몸살로 앓아누운 건 아이들 학교 입학 일정에 맞춰 성급한 출정을 감행한 탓이었다.

낯선 나라에서 몸도 아픈데 오라는 사람 하나 없으니 슬프고 외로웠다. 전임자가 소개해 준 가정부 타오가 아니었더라면 사고무친한 그곳에서 세 아이를 학교 보내는 일이 너무나 힘들었으리라. 불면 날아갈 듯 가녀린 몸매의 타오는 한국말도 잘하고 김치 담는 건 기본이고 육개장에 김밥까지 척척 해냈다. 처음 만났을 때 우리 가족을 위해 멸치를 망에 넣어 된장찌개 끓이는 모습에 깜짝 놀랐는데, 알고 보니 그녀는 한국인 집에서 10년 넘게 일한 베테랑이었다. 베트남 사람들이 솜씨 좋다는 말은 들었지만, 그녀의 능숙함에 나는 매번 놀라고 감탄하느라 바빴다.

몸을 추스르자 2002년 당시 600명이나 된다는 그 많은 동포가 어디 숨어 사는지 궁금증이 밀려왔다. 그런데 복도에서 마주친 사람들을 보고 무척이나 놀랐다. 내가 사는 그 아파트에 한국인 가족이 많이 산다는 말은 들었지만 바로 옆집과 앞집 또 바로 그 옆집이 모두 우리 동포들일 줄이야. 대개 외국인이 거주하는 우리 아파트에서 동양 사람만 보면 눈을 굴리며 같은 국적을 찾아 헤맸지만 남 일에 신경 쓰지 말자는 묵계라도 있는 듯 동포들은 새로운 얼굴에 전혀 관심이 없어 보였다. 아이들 때문에 소문이 났을 텐데 아파서 두문불출한 신참에게 그렇게 무관심할 수 있는 건가? 예전에 살았던 트리폴리 시절이 그리웠다.

트리폴리는 교민 수가 하노이의 3분의 1밖에 되지 않아서 그런지 가족적인 분위기였다. 처음에 대사관 가족을 비롯하여 여러 가족이 앞다투어 식사 초대를 해주었던 일이 떠오른다. 한국 식품점, 한국 식당도 없던 트리폴리에 비해 하노이엔 식당은 물론이고 한국인이 직접 운영하는 미용실, 병원, 식품점 등도 많다기에 기대하고 왔는데 몸이 따라주지 않으니 갑갑했다.

베트남엔 우리와 비슷한 먹을거리가 많은 편이다. 두부, 된장,

배추, 상추, 무도 긴 것과 둥근 것, 두 종류가 눈에 띄고 가지, 쑥갓, 미나리에 마늘종도 있었다.

책에서 급히 적은 몇 마디 베트남어 쪽지를 훔쳐보며 그나마 서슴없이 흥정할 수 있었던 것은 중동에서 오래 살아본 경험이 한몫했으리라. 가끔 기억 속에 잠자던 아랍어가 튀어나오면 얼른 목구멍으로 삼키며 혼자 머쓱하게 웃었다. 그럭저럭 낯선 이국 생활의 돛을 서서히 올리고 있을 무렵 타오가 소개해 준 콩나물 아줌마는 외로운 이방인에게 색다른 즐거움을 안겨주었다.

벨소리에 묵직한 크림색 현관문을 여니 키가 작고 비쩍 마른 아줌마가 서 있다. 짧고 푸석한 생머리를 뒤로 묶고 회색 바지 정장을 입은 그녀는 바스락거리는 비닐봉지를 여러 개 든 채 고개 숙여 인사를 한다.

"안녕하세요, 마담, 만 동입니다."

1킬로그램에 만 동, 한국 돈으로 당시 8백 원쯤 되는 돈이다. 신문지에 한 번 싸서 비닐봉지에 담은 뿌리 다듬은 키 작은 콩나물을 받으며 호치민 얼굴이 그려진 붉은 색의 10만 동짜리 지폐를 건넸다. 돈을 받고 잔돈을 내줄 때까지 수줍은 듯 시선을 똑바로 주지 않던 그녀가 갑자기 목소리 톤을 높였다.

"마담! 사골, 꼬리, 갈비 있어요."

그녀는 대뜸 손으로 무릎 엉덩이 그리고 옆구리를 훑어 오르며 한국말을 또렷하게 구사했다. 작은 새우 눈에 초등학생 같은 몸집인데 화장기 없는 얼굴에 자글거리는 잔주름은 그녀의 나이가 적지 않음을 말해준다.

"모두 좋아요. 깻잎도 있어요. 1킬로에 3만 동!"

순간 터지는 웃음을 한입 베어 물지 않을 수 없다. 대답도 듣기 전에 튀어나오는 느릿한 말씨지만 한국말로 집중 공략을 늦추지 않는다. 처음엔 쑥스러워 눈도 제대로 못 맞추던 그녀는 알고 보니 노련한 비즈니스 우먼이었다. 눈동자는 여전히 다른 곳을 보고 있으나 의사 표현만큼은 분명했다. 베트남 시장에서 콩나물과 깻잎은 전혀 찾아볼 수가 없는데 베트남 사람이 그런 채소를 키우고 배달까지 한다는 말인가? 거기다가 고기까지 끼워서 영업하는 그녀의 아이디어는 정말 기막히다.

낯선 땅에서 익숙한 식재료를 마주친다는 건 뜻밖의 기쁨이다. 해외로 나설 때면 고추장, 된장, 미역, 멸치 같은 몇몇 품목은 늘 여행 가방 한켠을 차지하지만, 콩나물만큼은 어쩔 수 없이 포기해야 했다. 그런 만큼 이국에서 콩나물을 발견했을 때의 반가움이란 단순한 식재료 이상의 감동이다. 낯선 이의 사소한 배려와 친절은 이국의 삶을 따뜻하고 풍요롭게 만든다.

타오가 콩나물 아줌마, 푸엉에 대한 이야기를 들려주었다. 그녀는 10년 넘게 무공해 콩나물을 길러 왔다고 했다. 그 시작에는 물고기를 잡아주기보다는 물고기 잡는 법을 가르쳐준 어느 한국인 유학생 부부의 조용한 봉사정신이 있었다. 푸엉의 두 동생이 한국 가정에서 일하면서 콩나물 기르는 법을 배웠고, 자신감 없던 푸엉은 그 일을 이어받아 점차 사업을 키워갔다. 나중에는 육류 배달까지 병행하면서 수입이 훨씬 나아졌고 한인 소식지 배달과 가정부 소개까지 맡으며 한인 사회의 이름난 인사가 되었다. 값은 싸고 품질도 좋아 한 번 사본 사람은 웃으며 다시 주문했고, 급기야는 아무 말 없이도 자동으로 배달되는 사태가 벌어졌다. 아쉬울 때쯤 콩나물이 오고, 갈비가 오고, 깻잎이 배달되니, 이쯤 되면 한국의 배달 문화보다 한 수 위라고 할 만했다.

 푸엉 아줌마의 적극적인 공략을 보고 나도 생각을 바꿔 옆집 벨을 내가 먼저 눌렀다. 먼저 다가가니 우리 동포들은 너무나 친절하고 정이 넘친다. 교민들 숫자가 많다 보니 말도 많고 탈이 많아 새로 오가는 사람들을 경계하는 풍토가 암암리에 깔려 있었다. 해외에 살다 보면 일본 사람들은 잘 뭉치고 중국 사람과 한국 사람들은 파를 갈라 다투기 쉽다는 이야기를 종종 듣는다. 하지만 따지고 보면 그 또한 속정 많은 이들에게서 비롯된 다정다감의 병이 아닐까?

아이들이 다니는 미국 국제학교에서는 참관수업이나 소소한 행사가 자주 열렸고, 그 덕분에 학부모들과도 자연스럽게 소통하게 되었다. 얼마 지나지 않아 사교계의 여왕은 아니어도 무수리 정도는 무난히 입성할 수 있을 것 같았다. 무수리면 어떤가. 정붙이고 살면 그게 곧 궁궐이 아니겠는가.

하노이의
설날 '뗏'

　　　　　　　　　진홍빛 꽃이 몽실몽실 피어난 복숭아나무와 금귤이 주렁주렁 달린 나무가 오토바이 뒤에 실려 간다. 아기를 안고 탄 여자가 뿌리를 감싼 복숭아 꽃나무를 소중하게 옆구리에 끼고 가는 모습은 평화롭고 정겹다. 이 끝없는 행렬이 펼쳐지기 시작하면 베트남 최대 명절인 '뗏(Tét)'이 다가오고 있다는 신호다. 복숭아꽃, 살구꽃 그리고 금귤나무는 악귀를 쫓아내고 복을 가져온다고 여겨져 설맞이 장식이나 선물로 인기가 많다.

　이런 명절 분위기는 도시 곳곳에서 쉽게 볼 수 있다. 우리 아파트 로비에도 커다란 금귤나무가 명절 분위기를 돋운다. 복을 기원하는 붉은 카드가 나무를 아름답게 장식하고 있다.

　춥고 긴 겨울에 맞이하는 한국의 설날은 폭설이 내리면 고향 가는 길이 매우 힘들다. 반면, 베트남은 따뜻한 날씨 속에서 꽃시장과 함께 명절을 맞이하니 얼마나 여유롭고 아름다운가.

'뗏(Tet)'은 한자어 '뗏 응우엔 단(tet Nguyen dan)'의 줄임말로, 새해 첫 아침의 축제를 의미한다. 거리에는 '축믕 남 무어이(새해 복 많이 받으세요)'라고 쓰인 현수막이 펄럭이고 오토바이 물결은 여느 때보다 활기차다.

하노이의 설날을 생각하면 우리 가족이 겪었던 황당한 에피소드가 먼저 생각난다. 2002년 월드컵이 열리기 몇 달 전, 타국에 도착한 지 며칠 안 된 어느 날이었다. 한밤중에 천지를 흔드는 따발총 소리가 들려왔고 잠을 자던 우리 가족은 불도 켜지 못한 채 거실에 모여 부둥켜안고 공포에 떨었다. 남편이 베란다에 나가서 밖을 살피더니 "저기 좀 봐라!" 하면서 손가락으로 하늘을 가리켰다. 순간 휘황찬란한 불꽃송이들이 피어나고 있는 게 아닌가. 그제야 전쟁이 난 줄 알고 혼비백산했던 우리 가족은 놀란 가슴을 쓸어내렸다. 설 전야제 불꽃놀이와 골목에서 터트리는 폭죽 소리를 총소리로 착각했던 충격은 한동안 잊히지 않았다. 그날 밤의 공포와 황당함은 두고두고 가족들 사이에서 '뗏'하면 떠오르는 추억이 되었다.

뗏 연휴가 시작되면 베트남 전역의 도로는 귀성객들로 북적인다. 이 모습은 우리나라 설 풍경과 너무나 흡사하여 묘한 공감을 불러일으킨다. 고향 생각에 마음은 벌써 달려가지만 해외에 있다는 핑계로 서울에서 2시간 거리의 시댁까지 7시간이나 고속도로에서 귀성길 정체를 겪지 않아도 되는 일만큼은 작은 위안이 되었다.

베트남에서 뗏은 단순한 명절이 아니다. 일 년 내내 손꼽아 기다리는 가장 중요한 행사다. 가족뿐 아니라 이웃과 동료까지 함께 어울리며 평소보다 더 넉넉한 인심을 나누는 시기다. 회사에서도 보너스를 주거나 직원들에게 선물을 준비하는 경우가 많다.

설날이 다가오면 베트남 사람들은 가정에서 '꺼이 네우cay neu'라는 장식물을 만든다. 종이나 흙 등으로 만든 물고기와 말 그리고 방울 등을 장대 끝에 매달아 놓는데 방울 소리와 형상들이 부정한 것들을 쫓아 집안의 액을 막아준다고 믿는다.

우리의 설은 새해를 탈 없이 지낼 수 있도록 근신하여 경거망동을 삼가는 날이란 뜻으로 신일愼日이라고 쓰기도 한다. 1년의 운수는 새로운 해가 시작되는 첫날에 달려 있다고 생각하는 것이다. 베트남에서도 새해 첫 손님은 그해의 운을 결정한다고 믿기 때문에 일부러 유명하고 영향력 있는 사람을 초대하기도 한다. 어른들께 세배는 하지 않고 두 손을 모으고 살짝 허리를 숙여 예를 표한다. 그들은 대부분 절을 찾아가서 가족의 건강을 기원하고 새해 소망을 빈다. 친척 일가, 스승 등의 집을 방문하여 덕담을 나누고 세뱃돈을 주고받는 문화는 우리와 비슷하다.

 우리가 조상들에게 제사를 지내고 떡국을 먹는 것처럼 베트남 사람들은 설날이면 집집마다 바잉쯩을 만들어 가족과 함께 나눈다. 우리의 떡국은 나이와 시간을 상징하며 새로운 시작을 축복하는 의미인데 '바잉쯩'은 네모난 모양으로 하늘과 땅의 조화를 상징하며, 찹쌀, 녹두, 돼지고기를 바나나잎으로 감싸서 만든다.
 타오에게 시장에 산더미처럼 쌓아놓고 파는 그 전통 음식 맛이 어떠냐고 물었더니 자기 집에서 만든 바잉쯩을 바구니에 곱게 담아왔다. 돼지고기 때문인지 느끼한 떡을 먹는 것 같아서 내 입맛엔 영 낯설었다. 우리 입맛에 맞는 짜조(Chả Giò)라고 하는 베트남식 스프링롤을 생각하고 먹었는데 실망했다. 짜조는 돼지고기, 새우, 버섯, 당면 등을 라이스페이퍼에 싸서 튀겨 먹는 요리로 역시 명절이나 특별한 날에 즐기는 음식이다.
 하노이에는 한국 떡집이 서너 군데 있다. 배달 서비스도 있어서 새해에 떡국을 먹는 데 불편함이 없었다. 아이들이 좋아하는 육전과 삼색 꼬치도 만들어 우리의 새해 음식을 즐겼다.
 최근 하노이의 명절 풍경을 다룬 기사를 읽으며 예전과 비교해 많은 변화가 있음을 실감했다. '뗏'이 여전히 베트남 최대 명절로 불리고 연중 가장 긴 연휴로 사람들에게 큰 즐거움을 준다는 내

용이 반가웠다. 세월이 많이 흐른 만큼 베트남의 변화에 대한 이야기가 흥미로웠다. 베트남 경제가 급격히 성장하면서 명절 풍속도 빠르게 변해 전통적이고 가족적 분위기보다는 여가 중심의 명절로 변화하고 있다는 것이다. 연휴 초반에는 '민족 대이동' 수준의 귀성이 이루어지고 명절 당일에는 조상 제사를 지낸 뒤 가족·친지와 음식을 나누며 복을 기원하는 모습은 여전히 한국의 전통설과 유사하다. 그러나 긴 연휴 후반에는 여행을 떠나는 사람들이 크게 늘었다고 한다.

우리가 살던 2002년의 베트남은 빠르게 성장하고 있었지만 산업화와 도시화를 통해 중진국으로 나아가려는 초기 단계에 머물러 있었다. 이후 2010년대 들어 제조업, 기술 산업, 서비스업이 급성장하며 현재의 경제적 도약을 이루게 되었다. 과거에는 뗏 초반에 관광지로 가는 티켓을 찾는 사람이 드물었으나 최근 몇 년간 국내 여행지인 다낭과 후에로 향하는 표가 2개월 전부터 매진될 정도로 트렌드가 크게 바뀌었다고 한다.

베트남은 경제 성장에 따라 저출산 경향과 명절에 대한 인식 변화 등 가족 문화가 점차 변형되고 있지만 여전히 전통적인 가치가 중요한 역할을 하고 있다. 한국도 경제 성장과 현대화 속에서 가족 중심 가치가 변화하는 과정에 있으며 그 속에서 공존과 충돌이 있지만 가족의 중요성을 강조하는 점에서는 베트남과 유사하다.

우리가 살던 킴마 스트리트의 창가에 서서 바라보던 진홍빛 복숭아꽃과 금귤나무, 그 생기 넘치는 풍경들은 오랜 시간이 흘러도 여전히 내 가슴속에 선명하다.

타오는 명절 휴가를 떠나기 전, 언제나 우리 삼 남매에게 '福'자가 쓰인 빨간 봉투를 하나씩 선물로 주었다. 봉투 안에는 호찌민 얼굴이 새겨진 2천 동짜리 새 지폐가 들어 있었다. 나도 그녀에게 아이에게 때때옷 한 벌과 명절 보너스를 빨간 봉투에 넣어 선물했다. 베트남에서는 붉은색이 복과 행운을 상징해 빨간 봉투를 특별히 중요하게 여긴다.

수줍은 미소가 매력적인 그녀와 4년을 함께 하는 동안 많은 정이 들었다. 휴가로 자리를 비운 일주일이 늘 길게 느껴졌고 보너스를 더 챙겨주고 싶어 고민했던 순간들이 새삼 그리워진다. 그녀는 잘 살고 있을까? 명절이 다가오면 어김없이 그녀의 따뜻한 미소가 떠오른다.

엄푸시장의
작은 소동

하노이에서 두 번째 설을 맞이하며 뗏의 분위기에 녹아들어 보려는 마음으로 장을 보러 나섰다. 우리 동네 킴마에서 자동차로 20분쯤 가면 한국인들이 즐겨 찾는 엄푸Am Phu 시장이 있다. 그곳은 남대문시장 축소판처럼 없는 게 없다. 중국 남부에서 들여온 배추가 있고, 깍두기나 생채를 만들기에 딱 좋은 주먹만 한 무 '스화우', 시금치와 비슷한 '자우 무어(공심채)'와 '더우프(두부)'도 있다. 단골 배달 쌀집과 과일 가게 아줌마 등 낯익은 얼굴들이 버선발로 뛰어나와 아는 체를 해주니 시장에 가는 일이 즐겁다. 정 많고 순박한 그들은 덤도 많이 주고 물건도 옮겨 주는 등 서비스도 만점이다.

베트남 사람들에게 조상숭배는 삶의 일부이기에 집은 물론이고 시장의 가게에도 제단에 재물의 신(떤따이)과 땅의 신(옹 디아)을 모시고 있다. 신앙과 운을 기원하는 의미로 보통 가게의 입구 근처 바닥에 제단을 차리고 장사가 잘되기를 바라며 매일 향을 피우는 모습이 이색적이다. 불교, 유교, 도교가 혼합된 베트남 신앙 문화에서 비롯된 이 전통은 가족, 재물, 안전, 성공을 기원하는 중요한 역할을 한다. 돌아가신 조상의 영혼이 후손을 지켜준다고 믿기에 음력 설은 조상의 영혼을 집으로 초대하는 의미가 강하다.

한국은 설날과 추석에 차례를 지내지만 베트남은 추석보다는 음력 7월 15일(백중절)에 외로운 영혼과 조상을 위한 제사를 더 중요하게 여긴다. 한국에서는 종손이 중심이 되어 제사를 주관하는데 베트남은 특정한 한 사람이 아닌 가족 전체가 공동으로 제사를 준비하는 경우가 많다. 베트남에서는 여성의 참여가 자연스럽고 남녀 모두 향을 피우고 절을 올릴 수 있다. 또한 기일 제사를 지내지만 10년이 지나면 간소화되거나 생략되는 경우가 많다. 제단을 중요시하며 조상숭배가 강한 것 같으면서도 우리나라보다 더 합리적이고 진보적인 것 같다.

시장 입구부터 양쪽으로 즐비하게 늘어선 가게들에 전통 과자 선물 세트가 피라미드처럼 쌓여 있다. 색색의 리본으로 장식된 와인 바구니들이 종합선물 세트처럼 진열되어, 공간에 화사한 기운을 더하고 분위기를 한껏 끌어올린다. 찹쌀과 돼지고기, 녹두를 넣어 바나나 잎으로 싸서 쪄낸 베트남의 대표적인 명절 떡 '바잉 쯩'도 커다란 바구니에 푸짐하게 담아 놓았다.

타국에서 먹는 떡국은 제맛이 안 나지만 그래도 고깃집에 먼저 들러 사골을 샀다. 바로 옆에 과일 가게가 있어 수박과 멜론을 사니 장바구니가 무거워졌다. 일단 차에 두려고 시장 모퉁이를 돌아서는데 옷 가게에 빨간 누비 잠바와 바지 한 벌이 눈에 띈다. 타오의 유치원생 아들 때때옷 선물로 좋겠다는 생각이 들어 두 평쯤 되는 조그만 가게에 들어갔다. 주인 인상이 순해서 외국인이라고 바가지를 씌울 것 같지 않았다. 곧 가격 흥정을 끝내고 시장 바깥쪽 길가에 세워둔 차에 가서 짐을 실으려는 순간, 등 뒤에서 다급하게 외치는 소리가 들려왔다.

"찌어이! 찌어이!" (언니, 언니!)

참새들이 짹짹대는 것 같았다. 설마 나를 부르는 것은 아니겠지 하면서도 뒤돌아보니 오토바이를 탄 한 떼의 무리가 나에게 손짓하며 달려오는 것이 아닌가? 무슨 일인가 어안이 벙벙한 채 서 있는데 보라색 스웨터를 입은 한 여인이 다가와 내 손에 들린 봉지를 휙 낚아챘다.

"떠이 사우? 죠 또이 까이 도! (왜 그래? 그거, 내 거야)"

당황한 나는 다급히 소리쳤으나 그녀는 들은 척도 않고 당당히 봉지를 열었다.

"꼬오~, 꼬오~(있다, 있다.)"

고개를 끄덕이며 그녀가 환하게 웃었다.

어느새 주변에 사람들이 몰려들었다. 똘똘 뭉쳐 나를 잡으러 온 듯한 오토바이 동포들은 팔짱을 낀 채 지켜보고 있었다. 내 사골 봉지가 어쩌다 그녀의 제사용 향과 도자기 술잔이 가득 든 봉지로 둔갑을 한 것일까? 옷 가게에서 보라색 스웨터를 입은 그녀를 본 생각이 스쳤다. 그녀는 조금 전 서로 몸을 부대끼며 각자 옷을 고르던 손님이었다. 그녀도 검은 봉지를 들고 있었던 게 생각났다.

당황하여 어쩔 줄 모르고 있는데 다행히 엄푸 시장의 나의 친구들이 달려 나와 내 손을 잡아주었다. 시장 사람들의 따뜻한 위로에 마음이 풀렸다. 내 얼굴은 쳐다보지도 않고 제수용품 봉지를 가슴에 끌어안은 그녀가 총총 가버리자 오토바이들도 곧 흩어졌다.

시장 아줌마들과 옷 가게에 다시 가보니 사골 봉지가 얌전히 날 기다리고 있었다. 공교롭게도 그녀의 제수용품이 든 검정 봉지와 내 사골 봉지 무게가 엇비슷했다. 조상숭배가 일상에 가득 배어있는 그들에게 그 물건이 중요하다는 건 알겠지만 적어도 나랑 오해는 풀고 미소 한번은 짓고 가야 하는 것이 아닌가? 무뚝뚝한 그녀가 야속했다. 하긴 내게 별말도 없이 자기 물건만 찾아갔으니 더 이상 미워할 이유는 없었다.

한국말을 다 알아듣는 타오는 자기 아들 옷을 사다가 일어난 그 어처구니없는 소동을 듣고 배꼽을 잡고 웃었다. 내가 놀란 값은 어디서 받느냐는 말에 아들 때때옷을 가슴에 안고 "씬로이, 씬로이(죄송합니다)"라고 하면서 고개를 까딱거렸다.

타오는 예년처럼 미리 준비한 빨간 봉투에 2천 동짜리 빳빳한 지폐를 넣어 우리 세 남매에게 하나씩 건넸다. 새해에도 건강하고 공부 잘하라는 덕담을 남긴 뒤, 일주일간의 긴 명절 휴가를 떠났다.

그녀가 떠난 빈자리가 허전해 창가에서 거리 풍경을 하염없이 바라본다. 화사한 꽃나무들이 끝없이 도로를 수놓고 있다. 악귀를 쫓아내고 복을 가져온다는 그 화사한 나무들을 사러 나도 꽃시장에 한번 가봐야겠다.

흐엉 양장점의
추억

하노이에 살면서 즐거웠던 일 중 하나는 현지인이 운영하는 양장점에서 옷을 맞춰 입는 것이었다. 천 시장을 누비며 직접 옷감을 고르는 일이 그렇게 재미있을 줄은 몰랐다. 잡지나 신문 광고를 뒤적이며 원하는 디자인을 찾아 응용하고 그 천으로 맞춘 옷을 입으면 마치 내가 괜찮은 디자이너가 된 듯한 묘한 성취감이 들었다. 한국에서 막 건너온 사람들이 입고 온 최신 스타일도 내 카피 목록에 올랐고 잡지 속 모델들의 옷을 눈여겨보며 연구하곤 했다. 내가 언제부터 옷과 디자인에 이렇게 관심이 많았던가? 새롭게 알게 된 나의 모습에 피식 웃음이 났다.

1970년대 초반까지 유행했던 우리나라의 양장점은 내가 대학생이던 80년대에 기성복이 대중화되면서 거의 사라졌다. 유명브랜드 의류 매장의 등장으로 양장점에선 결혼 때나 예복을 맞춰 입는 정도여서 잊힌 지 오래인데 베트남에서 다시 만나다니 너무 반가웠다.

'흐엉 양장점'은 전화 한 통이면 1시간 거리인 우리 동네 킴마 스트리트까지 주인이 직접 오토바이를 타고 달려와 치수를 쟀다. 부부 재단사가 운영하는 그 집은 다른 직원 없이 둘이 발로 뛰었다. 솜씨가 좋고 가격도 저렴해서 외국인 단골손님이 많았다. 서울에서 입던 옷을 그대로 디자인 카피를 부탁하면 거의 똑같이 만들어 줘서 만족스러웠다. 2002년 당시, 수공료가 바지 한 개에 7천 원, 블라우스나 원피스는 1만 원인데 천값은 만드는 수공과 비슷하거나 싸게 먹혔다.

붉은 체크무늬 원단으로 딸과 같은 디자인의 원피스를 만들고, 밑단을 빨간 체크로 접어 올린 청바지와 리본 블라우스까지, 모녀 커플룩을 맞추는 재미가 쏠쏠했다. 초등학교 6학년이던 큰아들은 중학생이 되기까지 1년 사이에 20센티미터나 훌쩍 자라서 바지 천을 자주 사러 다녀야 했다. 서툰 베트남어였지만 바지나 원피스, 블라우스에 따라 몇 미터의 천이 필요한지 묻는 말은 금세 익혔다. 좋은 원단을 고르다 보면 한국산인 경우가 많았다. 상인들이 "한꾸억, 똣!(한국 상품 좋다!)"라고 말해주면 괜스레 우쭐해지고 기분이 좋아졌다.

옷을 맞추는 날이면 나는 마치 새 옷을 좋아하는 벌거숭이 임금님처럼 들뜨고 신이 났다. 양팔을 벌리고 가슴둘레, 등판, 허리

치수를 재느라 흐엉 양장점 안주인의 지시대로 몸을 이리저리 돌렸다. 깡마른 체구에 말수가 적고 입을 꼭 다물고 있어 차가워 보이지만 숫자를 기록할 때는 눈빛이 초롱초롱했다. 서글서글한 그녀의 남편도 교대로 오곤 했다. 항상 웃으며 친절함이 몸에 밴 신사라 호감은 더 갔으나 깍듯한 예의를 지키는 그녀도 싫지는 않았다.

무릎을 꿇을 필요는 없는데 그녀는 완성된 옷을 가져오는 날이면 늘 소파 옆 바닥에 앉아 두 손을 가지런히 모은 채 나를 기다렸다. 그 모습이 낯설어 소파에 앉으라고 권해도 그녀는 고개를 저으며 끝내 자세를 바꾸지 않았다.

얼마 전, 여러 차례 수선을 요구하며 까다롭게 굴던 한국인 마담이 흐엉 양장점에서 더 이상 옷을 맞추지 못하도록 단호히 거절당했다는 소문이 돌았다. 맺고 끊음이 분명한 그녀가 결국 참다못해 내린 결정이었을 거라고 모두 말했다. 그즈음 하노이에서는 한 한국인 마담과 딸들이 현지인 도우미를 함부로 대했다는 이야기가 퍼졌고 결국 도우미들 사이에서 아무도 그 집에서 일하지 않기로 담합 했다는 소문이 돌았다. 우리보다 가난한 나라라고 해서 사람을 함부로 대하는 잘못된 선민의식이 결국 한국인들의 얼굴에 먹칠을 한 셈이라 부끄러웠다. 늘 낮은 자세로 '예스 마담', '오케이 마담'을 입에 달고 사는 듯하지만 할 말은 하면서 서로 뭉치는 모습을 보면 결코 만만한 사람들이 아니었다.

그즈음 한국인은 베트남에서 부자 대접을 받았다. 당시 베트남은 우리나라보다 30년쯤 뒤처져 보이는 경제 수준이었고 공원에 가면 마치 우리나라 70년대처럼 돈 받고 사진을 찍어주는 사진사도 있었다. 건물 담벼락에 작은 거울 하나 붙여놓고 머리를 깎아주는 길거리 이발사, 키 재는 기구를 들고 다니며 돈을 버는 사람들 모습도 이색적이었다. 대낮에 잠옷을 자랑처럼 입고 다니는 사람들 모습은 민망하고 낯설었으나 우리도 한때 잠옷을 자랑처럼 입던 시절이 있었음을 떠올렸다. 그래서 결국, 서로를 존중하는 마음이야말로 진정한 문화 교류의 시작이라는 걸 다시 한번 깨닫게 되는 순간이었다.

몇 년을 줄기차게 맞춰 입은 옷들은 한국으로 돌아온 후 대부분 의류 수거함으로 사라졌다. 패션 왕국답게 동대문 시장만 가도 싸고 좋은 옷들이 넘쳐났다. 아이들 옷이야 작아져서 그렇다 치고 3만 원 주고 맞춘 남편의 양복들은 한국의 세련된 옷들과 비교되어 옷장 한구석에 자리만 차지한 채 꺼내 입지 않게 되었다. 그래도 내 옷들만큼은 집에서 종종 입었다.

요즘 패션은 비싼 옷을 오래 입기보다 저렴한 옷을 빠르게 소비하는 것이 대세다. 흐엉 양장점은 내게 소중한 추억이지만 저렴하다는 이유로 과소비했던 것도 사실이다. 당시에는 새 옷을 맞추는 재미에 푹 빠져 있었지만 지나고 보니 꼭 필요하지 않은 옷까지 욕심을 부렸던 것 같다. 한때 환경을 생각해 스타킹조차 신지 않던 내가 말이다. 그러나 다시 그 시절로 돌아간다면 소비를 줄이려 노력하겠지만 나는 여전히 원단 시장을 누빌 것이고 솜씨 좋고 야무진 흐엉 양장점의 그녀를 좋아할 것이다. 문득 궁금해진다. 흐엉 양장점은 여전히 그 자리에 남아있을까? 지금도 그녀는 커다란 거울 앞에서 바느질을 하고 있을까?

  그 시절 내 눈에 가장 반짝이던 건 옷보다도 그녀의 손끝에서 피어나던 정성과 진심이 아니었을까?

나의 동지,
수이엔

하노이 타워에서 스카프 값을 치르는데 한 여자가 내 가슴에 달고 있는 'No War'배지를 가리키며 무엇이냐고 물었다.

"이것은 이라크 전쟁을 반대하는 평화의 배지예요. 1달러인데 이라크 어린이에게 물 한 잔 사줄 수 있어요. 당신도 동참하시겠습니까?"

그녀는 선뜻 1달러를 내고 받아서 자기 가슴에 붙였다. 하노이에서 평화를 꿈꾸던 내 작은 움직임이 그녀와의 인연을 만드는 순간이었다. 좀 전까지 종업원과 베트남어로 유창하게 떠들던 그녀는 알고 보니 중국인인데 영어 실력도 보통이 아니다. 그런데 뜻밖에도 중국 교민들에게 팔아주겠다며 100개쯤 사겠다는 것이 아닌가? 너무나 놀랍고 기뻤다. 우리는 감전된 듯 금방 친구가 되어 전화번호를 교환하고 한국에서 배지가 오는 대로 만나기로 약속하고 헤어졌다.

　이라크전이 한창이던 2003년 3월, 우리 가족이 하노이로 이사 간 지 1년쯤 되던 그때, 부시 대통령은 이라크에 48시간 시한의 최후통첩을 보냈다. 후세인 대통령이 이를 거부하자 바그다드에 미사일 폭격이 가해졌다. 봄꽃 소식 대신 TV 화면을 가득 채운 포연과 시신, 사람들의 절규는 너무나 무섭고 암울했다.

　사회 정의와 생태 평화를 지향하는 비영리 단체 '인터넷시민도서관'에서는 정의와 평화를 파괴하는 미국의 제국주의적 침략을 규탄하고 국가 주권과 생존권을 침해당한 이라크의 어린이와 난민을 돕기 위해 '평화의 배지'를 제작 판매하기로 팔을 걷어붙였다. 환경 단체 '풀꽃세상'도 동참하여 온라인 판매를 시작했다. 오백 원짜리 동전 크기의 동그란 평화의 배지는 운영자인 선배가 내게 200개를 할당하여 베트남에 날아왔다. 한인 학교 학생들과 이웃 교민들에게 뜻을 전하자 순식간에 팔려나갔다. 친한 이웃들에게는 강매도 했다. 나의 능력이 과대 평가되어 500개를 더 보냈다기에 걱정하고 있었는데 배지가 다시 오기도 전에 벌써 100개를 주문받은 셈이니 천사가 나타나지 않고서야 어찌 이런 일이 있을 수 있겠는가.

드디어 하노이의 중앙우체국에서 소포를 찾으러 오라는 통보가 왔다. 두근두근 떨리는 마음으로 수이엔에게 전화했더니 자기 집 주소를 알려주며 즉시 만나자고 한다. 붕대를 감은 이라크 소년 이마에 'No War'라고 쓴 배지 100개를 예쁜 주머니에 넣고 꽃 한 다발과 주스를 사 들고 그녀의 집을 찾아갔다. 그녀가 사는 곳은 외국인 주재원들이 사는 부촌이라서 안전하다는 생각은 들었지만 낯선 사람 집에 가는 두려움이 조금은 있었다. 남편과 한인 이웃에게 전화로 내가 지금 코코 빌리지 몇 번지에 가는데 납치될지도 모르니 긴장하고 있으라고 약간은 진심이 섞인 농을 해놓고 집을 나섰다.

그녀의 집은 겉보기엔 낮은 빌라였지만, 안으로 들어서면 복층 구조의 넓은 저택이었다. 거실에 걸린 결혼사진 속 남자는 나이 많은 서양인이다. 스물여섯 살에 영국인 이혼남에게 코가 꿰여 결혼했단다. 아이는 본인이 원하지 않아서 없는데 그 앙증맞고 총기 넘치는 예쁜 눈빛 속에 어쩐지 그림자가 보이는 듯하다.

거실에서 차 한 잔을 마신 뒤 수이엔이 2층으로 안내했다. 층계참에 걸린 또 다른 사진 속 꽃다운 그녀 옆의 남자는 뭔가 그녀의 미소와는 어울리지 않았다. 컴퓨터가 있는 방으로 안내하더니 불쑥 전단을 함께 만들자고 제안하여 홀린 듯 그녀를 바라보았다. 그녀는 전생에 나랑 자매였던가? 낯선 사람이 친절할 땐 의심의 경계를 늦추지 말아야 한다는 생각이 가득했던 나는 글로벌 천사에게 한 방 맞은 기분이었다. 인터넷시민도서관은 무슨 일을 하는 곳이며 어떤 사람들이 함께 하는지 현재 회원은 몇 명이고 평화의 배지를 만든 동기에 대해 소상하게 물어보면서 그녀는 재빠르게 워드를 쳤다. 북경 대학에서 일본어를 전공했다는 그녀는 가끔 사전을 찾아가며 종알종알 대며 타자를 두들겼는데 그 천진함이 참 순수해 보였다.

중국어는 컴퓨터에 프로그램이 없다며 손수 한자를 A4용지에 가득 쓰고 마지막엔 내 이름과 수이엔 이름을 나란히 넣었다. 순식간에 3개 국어 전단이 만들어졌다.

며칠 후 아이 유치원, 학교 게시판, 아파트 로비 등 외국인이 많이 가는 슈퍼까지 그녀와 함께 전단을 붙였다. 외국인이 많이 사는 우리 아파트 로비에서 전단을 보여주며 편하게 배지를 팔 수 있었다. 미국 국제학교에 다니는 우리 아이들 담임에게 접근해서 중국 친구가 이 문구를 만들어줬는데 틀린 문장이 없나 봐 달라며 은근슬쩍 접근을 시도하여 몇 개씩 팔기도 했다. 한인 학교 제자들과 유학생들까지 뜨겁게 호응해 주었다. 우리 아파트 같은 라인에 사는 일본인 여자 하나는 나중에 사겠다고 꼬리를 숨기더니 엘리베이터에서 마주치기만 하면 얼굴을 돌리는 민망한 해프닝도 있었다.

나의 동지 수이엔과 자주 만났다. 카페나 식당에서 수이엔이 메모한 수첩을 보여주며 배지 판 돈을 건네줄 때면 내가 독립투사라도 된 것처럼 우쭐했다. 영국의 석유 대기업의 지사장인 그녀 남편 사무실에도 함께 갔었는데 자연스레 직원에게 배지를 사라고 권하는 모습에 미소가 절로 났다. 보름 만에 100개를 다 팔아서 돈을 건네주는 그녀는 진정한 평화의 천사였다.

전쟁을 반대하는 시위가 세계 곳곳에서 이어졌다. 오폭으로 민간 사상자가 늘어나면서 비난의 강도도 점점 거세졌다. '이라크의 자유'라는 작전명으로 개시되었던 전쟁은 수천 명의 사상자를 내고 한 달 만에 끝났다. 인터넷시민도서관에서는 5천 개 넘는 평화의 배지를 팔았고 한겨레신문의 '이라크 어린이들에게 의약품을' 캠페인 창구를 통해 수익금을 고스란히 전달했다.

작지만 적극적인 반전 운동의 하나로 시작된 평화의 배지 판매는 내게 귀한 체험과 아름다운 친구까지 선물해 주었다. 전쟁 없는 평화로운 세상을 꿈꾸는 많은 사람의 정성과 노고가 헛되지 않기를, 평화를 꿈꾸던 우리의 작은 외침이 언젠가 커다란 울림이 되기를.

못 하이 바본

늦둥이 셋째가 드디어 유치원생이 되는 날, 그 해방감을 만끽하고자 나를 위해 특별한 걸 하나 하고 싶었다. 당시 하노이는 한국보다 레슨비가 다섯 배쯤 싸서 한국 엄마들은 자녀에게 피아노, 바이올린, 기타 등 악기 하나씩 시키는 건 기본이었다. 대부분 미국 국제학교에 다니기에 아이들이 학교 밴드부에서 무슨 악기든 선택해야 하는 의무가 한몫했지만 저렴한 레슨비는 큰 매력이었다. 밴드부원들의 악기 구성을 보면 동양 아이들은 거의 현악기를 택하고 서양 아이들은 플루트나 클라리넷 등 관악기를 잡은 모습이 색달랐다.

우리 집 두 남매는 바이올린을 일찍이 배워 둔 게 큰 도움이 되었다. 이참에 나도 악기를 하나 배우고 싶어 예전에 배웠던 피아노를 다시 해볼까 했으나 피아노를 서울에 두고 온 게 문제였다. 딸아이 바이올린을 바라보다가 학생 때 스즈키 2권까지 겨우 기초를 떼었던 생각이 나서 며칠 만져보았다. 이미 이름 있는 콩쿠르에서 상까지 받은 열 살짜리 딸은 엄마가 낑낑대며 한 줄 긋기 연습하는 걸 보고 킥킥 웃었다.

"활을 똑바로 써야지. 소리가 좀 더 꽉 차게 울려야 하는데? 연습을 정말 많이 해야 한다니까!" 딸은 두 손을 허리에 대고 스읍~습! 입술 바람을 들이마시며 선생 노릇에 신이 났다.

여섯 살 때부터 바이올린 연습을 다그치던 엄마가 보여줄 모습은 아닌 것 같아서 딸에게 눈을 흘기며 조용히 바이올린 케이스를 닫았다.

딸이 잘 모르는 악기를 선택하려고 하노이 시내 악기점에 들러서 비올라를 알아보니 주문하고 받는 시간이 한 달 이상 걸린다고 한다. 다행이다. 사실 자신이 없었다. 몸이 굳어서 바이올린을 어깨에 올려놓고 연주하는 게 쉽지 않은데 비올라는 악기도 더 크고 무겁지 않은가. 순간 첼로가 떠올랐다. 평소 그 매력적인 소리를 너무 좋아했지만 악기의 크기와 무게가 부담스러워 만져보지 못했는데 그래도 앉아서 연주할 수 있다는 점이 위안이 되었다.

딸의 바이올린 선생, 미스터 린이 레슨 온 날, 첼로 선생 소개를 부탁하니 자기 아버지를 추천해 준다. 하노이 심포니 오케스트라 수석 첼리스트! 그렇게 저명한 분이 출장 레슨에 악기까지 빌려준다니 감지덕지하여 당장 만나겠다고 했다. 린 선생은 하노이 심포니 오케스트라 지휘자였다. 두 부자는 국비로 러시아 유학까지 다녀온 인재들인데 만나보는 것만으로도 영광이라는 생각에 가슴이 떨렸다.

 드디어 나의 첼로 선생님을 만났다. 일흔의 신사는 꽃무늬 셔츠에 멋진 선글라스를 낀 풍채좋은 호남이었다. 내게 건네준 첼로는 오래 사용을 안 했는지 악기 안에 작은 거미줄이 몇 개 보여서 좀 놀랐지만 악보까지 모든 걸 제공해 준 게 고마워서 첫날부터 의욕이 불타올랐다. 선생님은 마에스트로답게 활을 단 한 번만 그어도 깊고 풍부한 울림이 가슴을 파고들었다. 아, 얼마나 탁월한 선택이었나. 첼로 소리에 매료되어 나 자신을 스스로 칭찬했다.
 남편과 아이들이 모두 집을 나간 고요한 아침, T자 받침대에 첼로를 고정하고 줄 긋기 연습부터 시작했다. 일주일에 두 번 개인지도 받고 숙제 내준 것을 꼬박 열심히 하는 나는 성실한 학생이었지만 나이 먹어 배우려니 인내심이 절실히 필요했다.
 두 달 정도 힘들게 헤매다가 짧은 명곡들을 연주하니 흥미가 붙기 시작했다. 그런데 아침마다 인근 학교 마이크에서 "못, 하이, 바, 본"이라는 소리가 크게 들려왔다. 처음 줄 긋기만 할 때는 무심히 지나쳤는데 곡을 나가자 "못 하니 바보"라고 흉보는 것처럼 들렸다. 이사 가서 처음부터 계속 들려왔던 그 말은 베트남어로 '하나, 둘, 셋, 넷'인데 새삼 귀에 꽂히는 이유가 서툰 내 첼로 소리가 찔렸기 때문이었나보다.

"푸훗~ 그래, 못하면 바보지! 그러니까 연습 많이 해야지. 그런데 너희는 대체 왜 매일 아침마다 그렇게 외치는 거냐고?" 나는 새초롬히 돌아앉아서 첼로를 끌어안는다. 아마도 학생들 아침 체조하는 시간인가 보다. 9층 아파트 창문을 꼭꼭 닫아도 길 건너에서 들려오는 마이크 소리는 완전 차단이 안 된다. 차츰 그 소리도 무디어졌는데 우리 집에서는 재미난 유행어가 되었다.

6개월 동안 첼로에 푹 빠져 시간 가는 줄 몰랐다. 아직은 기초 단계라 큰 어려움이 없었고 소품 하나를 배워 연주가 익숙해지면 자주 독주회를 열었다. 저녁 식사 후 가족들 앞에 열대 과일을 푸짐하게 차려놓고 관객이 되길 강요하는 이상한 독주회였다. 어린 막내가 즐겁게 웃으며 손뼉을 쳤다.

그때 즐겨 연주하던 곡이 '브람스 자장가'였다. 단순한 선율이지만 스승님의 깊고 따뜻한 소리를 듣고 반해버린 곡이었다. 세상 자장가들 가운데는 명곡이 참 많다. 가만히 생각해 보면 자장가는 단순함 속에 마음을 건드리는 힘이 있다. 우리 집 삼 남매는 잠투정이 심해서 매일 밤 자장가 공연이 이어졌다. 모차르트, 슈베르트, 브람스의 세계 3대 자장가는 기본 레퍼토리였다. 최대한 고즈넉하고 낮은 목소리로 정성껏 불렀다. 그 가운데에서도 친정엄마가 내게 불러줬다는 「섬집 아기」는 빠지지 않는 단골 메뉴였다. 이 세상에 엄마의 자장가처럼 아름다운 노래가 또 있을까? 나의 어머니 자장가도 분명 평화롭고 고왔을 것이다.

 첼로를 배우며 나만의 시간을 즐기던 그 무렵, 친정엄마의 건강이 서서히 나빠지기 시작했다. 처음엔 작은 증상들이었지만 점차 상태가 심상치 않아졌고 언니는 그런 사실을 굳이 동생에게 알리지 않았다. 위암 수술 후 회복 경과가 좋아 보여 희망을 품고 먼 길을 떠나왔건만 그것은 짧은 착각이었던 걸까. 엄마가 위독하다는 전갈이 온 순간부터 첼로의 선율은 내 일상에서 멀어졌다. 활을 잡던 손끝은 더 이상 떨리지도 않았다.
 나는 첼로를 던지듯 내려놓고 아이들을 가정부 타오에게 맡긴 채 서둘러 서울행 비행기에 올랐다. 엄마는 간신히 나를 알아본 직후 조용히 긴 코마 상태로 빠져들었다. 전이만 없었다면 10년은 더 살 수 있다는 의사의 말에 우리는 마음을 붙들었건만 그 희망은 바람결처럼 허망하게 흩어졌다.

 해외 이삿짐 정리도 끝나기 전에 엄마는 갑자기 하노이에 오셨다. 그때 이미 알고 있었던 걸까. 곧 떠나야 한다는 걸…. 3주 동안 딸이 사는 모습에 만족하며 행복해 보였던 시간이 그나마 감사한 일이다. 내가 첼로를 끌어안고 애쓰는 걸 본 엄마는 "넌 음대를 보냈어야 했는데" 하시며 막내도 다 컸는데 편히 놀지 왜 고생을 사서 하냐고 혀를 끌끌 찼다.

다녀간 지 다섯 달 만에 건강이 급격히 나빠져서 하늘나라로 가시다니…. 칠순을 겨우 넘긴 나이가 아깝고 서러웠다. 내가 첼로 연습을 하는 그 시간에 엄마는 병마의 고통에 시달리고 있었다. 아무것도 할 수 없는 절망적인 상태였다지만, 그래도 내게는 알려줬어야 했다. 그래서 원망스러웠다.

혼자 사는 엄마가 "이 세상에 맛있는 게 하나도 없다"라고 하여도 내 새끼 키우기에 바빠 달려가지 못했었다. 후회한들 무엇하랴. 극한의 통증에 시달리던 그때, 엄마는 1분 1초가 얼마나 길었을까…. 옆에서 마지막 순간의 고통을 지켜봤던 언니는 오랜 세월이 흐른 지금도 몸서리치며 안락사는 꼭 법안으로 통과시켜야 한다고 주장한다.

아무것도 모른 채 나 혼자만 즐겁게 시간을 보냈으니, 결국 불효하고 말았다.

나는 바보였다. 곁에 있어야 할 순간을 외면한 되돌릴 수 없는 바보. 매일 아침 그렇게도 외치고 있었는데 나는 끝내 듣지 못했다. 그 마지막 부름을.

후회 없는
후에 여행

150년 도읍지, 문화유산이 숨 쉬는 땅

교민들 사이에 '가도 후회, 안 가도 후회한다'는 풍문이 도는 베트남 중부의 도시 후에Hue로 우리 가족은 여행을 떠났다. 하노이에서 비행기로 1시간 거리에 있는 베트남의 옛 수도인 그곳은 우리나라 경주와 비견될 만한 곳이다.

손바닥만 한 후에 공항에 내려 고즈넉한 시골 동네의 풍경을 보며 자동차로 30분쯤 달리니 베트남 마지막 왕조인 응우옌(元朝: 1802~1945) 왕의 아름다운 공주가 강 풍경에 반해서 세수했다는 흐엉강이 보인다.

공주의 이름을 따서 '향수의 강'이라는 별칭이 있는데 강가에 야자나무가 늘어선 아름다운 호텔과 반대편의 열악한 수상 가옥들이 너무나 대조적이었다.

후에는 1802년부터 베트남 민주 공화국에 권력을 이양한 1945년까지 143년간 존속한 역사의 고도로 베트남 마지막 왕조인 응우옌 왕조의 수도였다. 1883년에 나이 어린 합니왕이 쫓겨난 뒤 60년 넘게 프랑스에 식민 통치를 당했기에 5대 투득 왕부터 12대 카이딘 왕(1916~1925)까지 열세 명 황제의 즉위 기간이 1년에서 9년 미만인 걸 보면 허수아비 같은 비운의 혼란기였음을 알 수 있다. 응우웬 왕조들의 유산이 대부분인 후에는 베트남 전쟁 때 폭격으로 폐허가 된 후 복구되지 않은 곳이 적지 않아 황량하기도 하지만 세계문화유산에 등록되어 세계적인 관광 명소로 떠오른 지 오래다.

시내는 흐엉강을 중심으로 남북으로 펼쳐져 있으며 북쪽이 구시가, 남쪽이 신시가지이다. 구시가의 후에 기념물 복합지구는 많은 역사와 건축물들을 보유하고 있다. 그 중 응우웬 왕조의 왕릉 여섯 개는 후에의 최대의 볼거리로 꼽힌다.

아담한 왕궁과 전설의 티엔무사

중국의 자금성을 모방한 원조 왕궁은 규모가 무척이나 작고 아담했다. 양쪽으로 호위하듯 작은 기와지붕으로 둘러싸인 돌로 만든 왕궁 문을 지나니 주황색 지붕의 단층 건물 태화전太和殿이 보였다. 황제 즉위식이 행해졌다는 그곳은 수많은 기둥 사이로 나라를 지키지 못했던 금박의 왕좌가 서글퍼 보인다. 왕좌에는 자주색 바탕에 금빛 용이 그려져 있다.

태화전에서 왼쪽으로 난 숲길을 걸어서 왕조의 보제사菩提寺, 현암각懸庵閣으로 갔다. 기둥마다 홍등을 달고 수많은 부처상을 모신 높은 제단에 촛불이 켜지고 향을 피우며 목탁을 두드리는 스님의 등 뒤에서 옛 왕궁의 화려했을 의식을 떠 올려본다. 정원에는 황제 이름을 적어 둔 9개의 청동 분향 향로가 관광객이 끊이지 않는 역사의 뜰을 묵묵히 지켜주고 있다.

티엔무사는 시내 서쪽으로 4킬로미터 떨어진 곳에 강이 내려다보이는 높은 언덕에 있다. 베트남어로 티엔Thien은 '하늘', 무Mu는 '여인'이라는 뜻이다. 어느 백발의 노인이 하늘에서 나타나 이곳에 지배자가 불탑을 세우라는 예언이 있었기에 '선녀의 절'로 불리기도 한다. 21미터가 넘는 7층 석탑은 베트남을 대표하는 건축물 중의 하나이다. 층마다 불상이 안치되어 있고 탑 뒤에는 한자로 그곳의 역사가 쓰여 있다. 탑의 양옆에는 큰 거북의 등에 세워진 비석이 있고 평범해 보이는 2톤짜리 커다란 종은 그 소리가 후에까지 들린다고 한다.

죽어서도 영원히 살고 싶은 소망

모터 소리가 요란한 작은 배를 타고 강을 건너서 2대 민망황제

(1820~1840)의 무덤으로 갔다. 정문이 폐쇄되어 옆문으로 들어가니 넓은 정원에 죽은 자의 영혼을 지킨다는 코끼리와 말, 그리고 공무원의 석상들이 보인다. 중국 문화를 선호했던 민망 황제가 풍수지리학적으로 좋은 위치를 찾아내 직접 설계하여 3년 만에 완공했다고 한다.

  석상들을 지나 안으로 한참 들어가니 한 황제의 묘가 그렇게 화려하고 장황한 서사시일 줄이야! 후에 왕릉 중 가장 웅장한 곳이라더니 왕의 공적을 찬양한 비석이 있는 건물이 나오고 또다시 세 개의 아치형 문을 지나 황제와 황후의 위패가 놓인 건물을 통과한 후에도 무덤은 나타나지 않았다. 참을성을 가지고 조금 더 올라가서 연못에 놓인 세 개의 다리를 건너 2층 목조건물에 이르면 초승달 모양의 연못이 보이는데 그 뒤가 민망 황제가 잠든 묘였다. 20년간 통치하며 치적이 가장 큰 민망 왕의 묘는 전체적으로 태양계의 모양으로 강력한 왕권을 과시했다는데 잘 조성된 나무들로 그저 잘 가꾼 정원처럼 보인다. 죽어서도 영원히 살고 싶은 절대 권력자의 소망은 과연 하늘까지 닿았을까. 민망 황제는 응우엔 왕조의 최전성기를 이끌었던 성군으로 후궁이 500명, 자녀가 약 140명이었다고 한다.

세상의 모든 것을 얻었지만

이어서 통치 기간이 가장 길었던 3대 투둑 황제(1841-1883)의 묘에 갔다. 살아 있을 당시부터 3년에 걸쳐 3천 명의 군인과 노동자를 동원하여 만든, 12헥타르가 넘는 그 묘에도 입구에서 왕릉을 지키는 문무관의 석상들과 코끼리와 기마상이 반겨준다. 시인이기도 했던 황제가 낚시하던 연못과 시를 지었다는 누각이 있고 황제를 모신 절 뒤에는 공적을 기린 비석이 있었다.

호수를 따라 올라가니 궁 뒤편에 감춰진 듯한 왕의 묘가 있는데 실제 시신은 없다. 보물과 함께 묻힌 그곳의 비밀을 지키기 위해 왕을 묻었던 200명을 참수했다고 한다. 백성들은 매우 힘든 생활을 하였던 시기였지만 최고로 호화로운 궁중 생활을 한 투둑 왕은 매끼에 500명의 요리사와 50명의 하인이 수행했다고 한다. 100여 명의 부인과 수많은 첩이 있었지만, 천연두를 앓은 후 자식을 가질 수 없었다. 염세적이었던 그는 4000여 편의 시와 600여 편의 산문을 남길 정도로 문학에 심취했고 철학과 동양 역사에 해박한 전문가였으나 외세의 압력에 시달려 통치자로서는 실패했다.

민망 왕의 묘가 화려하고 웅장한 서사시라면 투둑 왕릉은 그 화려한 전설에 비해 꾸미지 않은 소박한 서정시 같았다. 조상숭배 사상이 어느 민족보다도 강한 베트남 사람들이 유적을 소홀히 하는 듯 보이는 건 가난 때문인지도 모른다. 넓은 이국 왕릉의 정원을 거닐며 세상의 모든 걸 다 가졌지만, 통치자보다는 문학가였고 철학자가 잘 어울렸을 투득 왕의 외로움을 생각해 본다.

20세기 베트남 건축 예술의 대표작

마지막으로 찾아간 왕릉은 12대 카이딘 황제(1916~1925)의 묘였다. 20세기 베트남 건축 예술의 대표로 꼽히는 카이딘 왕릉은 황제가 죽은 지 6년이 지난 1930년까지 무려 10년이나 걸려서 만들었다. 유럽 고딕양식의 분위기가 다른 무덤과 비교되는데 화려한 건물이 온통 검은 회색이어서 으스스했다. 입구에서 위로 수십 개의 계단을 올라가면 공덕비와 무덤을 지키는 문무관, 기마상 코끼리 상을 만날 수 있다. 계단 난간마다 용이 새겨져 있고, 왕의 유체를 모시고 있는 티엔덴 궁에는 화려하고 섬세한 벽화가 무척 아름다웠다. 벽과 천정이 모두 도자기와 유리의 모자이크로 장식되고 천장은 용의 그림으로 꽉 차 있다. 서구풍의 우아하고 세련된 아름다운 무늬들은 잠시 유럽에 와 있는 듯한 착각에 빠뜨리기도 했다. 민망 왕이나 투득 왕과는 달리 프랑스령 하에 지어진 이 무덤은 어떻게 그토록 화려하게 지었을까.

후에는 1945년 2차 대전 종식과 함께 도읍의 운명이 끝났지만, 마지막 왕조의 비운의 역사를 흐엉강에 묻은 채 후세 사람들의 영접을 받고 있다. 19세기 초반에 등장한 응우웬 왕조의 흔적과 권력의 영광과 허무를 돌아볼 수 있었기에 후회 없는 여행이었다.

한 시대의 몰락은 끝이 아니라 기억이라는 이름으로 살아남는다.

흐엉강은 오늘도 그 기억을 조용히 품은 채, 말없이 흐르고 있었다.

5부 그 바다는 울고 있겠지

앗살라무 알레히쿰, 리비아

옆집에 사는 앨리스

물과의 전쟁, 사막 아래 거대한 지하수

사하라의 진주, 오아시스 마을 가다메스

지구의 한 모퉁이, 지중해에서

토부룩에서 국경을 넘다

신의 여름 별장, 룩소르

파피루스 식탁보와 피라미드 유감

그 바다는 울고 있겠지

앗살라무 알레히쿰,
리비아

　　　　　　　　　　1993년 가을, 김포공항에서 튀니지 제르바섬으로 향하는 KE 8013 여객기의 승객들은 대부분 남성이었다. 남편과 두 살, 네 살배기 남매의 손을 잡고 탑승한 우리는 확연히 눈에 띄었다. 비행기가 떠오르자 기압 탓에 아이들이 크게 울음까지 터뜨렸다. 가족과 떨어져 머나먼 중동 현장으로 홀로 떠나는 분들 앞에서 아이를 달래려니 민망해서 몸 둘 바를 몰랐다.

　목적지인 리비아 트리폴리는 유엔의 제재로 비행 금지 상태여서 튀니지에서 자동차로 국경을 넘어야 하는 멀고도 험한 여정이었다. 시국이 어수선한 나라로 떠나는 걸 걱정하던 어른들의 말씀이 아이들 울음소리 사이로 흩어졌다. 세계적으로 비행기 테러 사고가 유난히 잦았던 그즈음, 바레인을 경유하는 22시간의 비행은 마치 유배지로 끌려가는 길 같아 점점 서러움이 밀려왔다. 낯선 곳에 대한 동경과 설렘은 사라지고 혹여 서울로 영영 돌아가지 못하면 어쩌나 하는 두려움이 엄습했다.

팬암기 폭파 사건의 용의자 인도를 거부한 리비아의 선언이 뉴스에서 연일 화제가 되던 무렵, 나는 트리폴리에서 날아온 편지를 읽고 있었다. 붉은 꽃이 만개한 키 큰 선인장 옆에서 찍은 남편의 사진은 이국적인 정취를 물씬 풍겼다. 트리폴리 지사로 떠난 지 1년여 만에 드디어 우리 가족이 머물 집을 구했다는 소식이었다.

바닷가의 아담한 빌라는 아이들을 키우기에 더없이 좋은 환경이며 오색으로 빛나는 지중해의 아름다움은 직접 와서 보라던 남편의 말에 벌써부터 철썩이는 파도 소리가 귀에 들리는 듯했다. 언제든 바다로 달려갈 수 있다면 오막살이인들 어떠랴! 내륙 도시 청주에서 나고 자란 내게 바다는 언제나 꿈속에서나 그리던 동경의 세계였다.

어쩌면 그렇게도 용감했던 걸까. 연일 이어지는 심각한 뉴스는 흘려듣고, 어른들의 걱정은 한쪽 귀로 듣고 한쪽 귀로 흘리며 미지의 나라에 대한 호기심과 '바닷가 우리 집'의 모습을 상상하는 것만으로도 가슴이 뛰었다.

친정엄마의 도움 덕분에 신혼살림에 큰 어려움이 없었지만 막상 홀로서기를 하려니 가장 걱정된 건 김치를 담그는 일이었다.

인터넷이 없던 시절, 결혼 선물로 받은 고급 양장본 요리책에서 김치 부분만 뜯어냈다. 배추김치, 총각김치, 깍두기, 갓김치, 열무김치, 물김치…. 김치의 종류가 이렇게 많았던가. 새삼 놀라웠다.

우리 가족이 떠나던 11월, 유엔 안전보장이사회는 리비아에 대한 2차 추가 제재를 결의했다. 해외 자산 동결과 원유 관련 장비 금수 등 강도 높은 조치가 포함되었다. 세상은 그토록 흉흉했지만 나는 오직 타국에서 먹고 살 궁리에 정신이 팔려있었다. 고추장과 된장을 챙기며 해외 이삿짐을 싸는 내 모습을 보며 친정엄마는 속으로 얼마나 불안하고 걱정스러웠을까.

아프리카 최북단 중앙에 위치한 리비아는 아랍 세계에서 알제리, 모로코, 튀니지 등과 함께 마그레브Maghreb 지역에 속한다. 마그레브는 '해가 지는 곳'이라는 뜻으로, 지중해를 접한 북아프리카 서부 이슬람 세계를 가리킨다.

리비아는 한반도의 8배에 달하는 광활한 영토를 가졌지만 전 국토가 사하라 사막의 일부인 리비아 사막으로 덮인 열사의 나라다. 당시 리비아는 사우디아라비아에 이어 두 번째로 큰 해외 건설 시장이었으며 한국 기업에서 파견한 인력이 2만 명이 넘었다. 1970년대 중동 붐이 일었을 때만큼의 호황은 아니었지만 남편이 일하는 현대건설은 트리폴리 지사를 비롯해 라스나누프, 미수라타, 줄

리텐 등 사막의 6개 현장에서 담수 시설, 석유화학 플랜트, 발전소 및 가스 처리 공사를 진행하며 오일 머니를 벌어들이고 있었다.

  시계를 거꾸로 돌리며, 드디어 리비아와 국경을 맞댄 튀니지 남동쪽의 제르바 공항에 도착했다. 11월인데 한낮의 강한 햇살 아래 긴팔 니트가 덥게 느껴졌다. 서울에서는 추웠지만 이곳의 온화한 날씨가 마음까지 평온하고 느긋하게 만들었다. 코발트빛 지중해를 배경으로 야자나무가 줄지어 선 하얀 호텔이 우리에게 '정말 멀리 왔구나' 하는 실감을 안겨주었다. 비행기에서 울음을 터뜨렸던 아이들도 제르바섬 바닷가 모래 위를 걷자 금세 얼굴이 환해졌다.
  아프리카 대륙의 북쪽 끝에 자리한 튀니지는 마그레브 국가 중 가장 면적이 작지만 자연환경만큼은 으뜸이라고 한다. 트리폴리 공항이 폐쇄되는 바람에 뜻하지 않게 튀니지에 들르게 되었고 그 덕분에 한니발 장군의 고향, 옛 카르타고의 땅을 걸어보는 특별한 경험을 할 수 있어 좋았다. 머리는 유럽을 향하고, 가슴은 아랍을 품으며, 발은 아프리카에 닿아 있는 신비로운 나라. 유럽인들이 몰려와 선탠을 즐기는 휴양지답게 튀니지의 바닷가는 밀짚 파라솔이 끝없이 펼쳐져 있었다.
  밤이 되자 호텔 레스토랑에서는 누구나 무대에 올라 즉흥적으로 춤을 출 수 있는 댄스파티가 열렸다. 아무런 근심이 없어 보이는 서양 멋쟁이들이 스윙이나 탱고의 리듬에 몸을 맡기고 손끝으로 서로의 움직임을 부드럽게 이끈다. 자연스레 바통을 넘기듯 우아하게 회전하며 춤추던 모습이 인상적이었다.

다음 날, 남편 회사에서 직원과 근로자들을 태우기 위해 버스 여러 대가 호텔에 도착했다. 간석지를 통해 육지와 연결된 제르바섬을 벗어나 드넓고 황량한 땅을 달리다 보니 국경 검문소가 나타났다. 폐차장을 방불케 하는 고물차 행렬이 이어지는 모습에 입이 떡 벌어졌다. 비행이 금지된 탓에 모든 물자를 육로로 옮겨야 한다는 것은 이해했지만 그 과정이 이토록 험난하고 고단할 줄은 미처 몰랐다.

검문소를 통과한 후 한참을 달려가자 하얀 아랍 전통복을 입은 사람들이 리비아 화폐 뭉치를 양손에 들고 흔들어대며 "돌라! 돌라!"를 외치고 있었다. 리비아 디나르를 달러로 바꾸기 위해 지나가는 차량을 향해 한없이 흔드는 모습이 계속해서 눈앞에 펼쳐졌다. 국경에 형성된 살아 움직이는 불법 환전 시장이 아닐까 싶었다. 어젯밤 댄스파티를 즐기던 여유로운 사람들의 모습과는 너무도 대조적인 풍경이었다. 그야말로 험난한 나라로 향하고 있음을 실감했다.

끝없이 펼쳐진 황무지를 가로질러 7시간을 달려 마침내 트리폴리에 도착했다. 낙후된 도시의 낮은 건물들은 대부분 모래빛이었지만 빌딩들 사이로 언뜻언뜻 보이는 지중해의 푸른 살결이 숨은 보석처럼 신비로워 가슴이 설렜다.

튀니지를 경유하며 도착한 우리 집은 트리폴리 시내에서 그리 멀지 않은 외국인 마을 '레가타'였다. 작은 정원이 딸린 낮은 2층 빌라는 고색이 창연했지만 큰 나무들도 많고 대지도 넓어 하늘이 한껏 펼쳐져 있어 좋았다. 꿈에 그리던 바닷가의 아담한 우리 집, 1층은 모래색 벽에 파란색 덧문이 달린 창이 눈에 띄었다. 무궁화 꽃처럼 생긴 빨간 꽃들이 정원에 가득 피었고 아이들이 놀 수 있는 큰 나무 한 그루가 현관문 옆에 보초병처럼 서 있었다.

집 가방을 던져놓고 집에서 10분 정도 걸어 나가니 지중해, 바로 그 바다가 펼쳐졌다. 개발의 흔적이 없고 문명의 발톱에 할퀴지 않은 원시적인 아름다움을 그대로 간직하고 있었다. 망망대해 짙푸른 바다는 먼 나라에서 온 동양인을 힘찬 파도로 맞이해 주는 듯했다. 국경에서 만난 장면들과 세상의 무겁고 어두운 뉴스들은 까맣게 잊혔다. 나는 가만히 손을 흔들며 우리 가족을 소개했다.

"앗살라무 알레히쿰, 리비아! (안녕, 리비아!)"

옆집에 사는
앨리스

　　　　　　　　　옆집에 앨리스라는 영국 여자가 혼자 산다고 들었을 때, 스모키의 노래가 떠올랐다. 만약 그 노래가 아니었다면 남편이 도대체 왜 그런 말을 했을까 하고 의아해했을지도 모르겠다. 하지만 그 강렬한 추억의 노래 제목 덕분에 의심의 구름은 금세 사라졌다.

　트리폴리로 먼저 떠난 남편에게서 국제 전화가 왔다. 우리가 살 집을 급히 구하느라 내가 마음에 들지 않을 수도 있다고 했다. 그 말은 건성으로 들렸고 "집이 바닷가에 있다"라는 말과 '앨리스'라는 단어만 크게 귀에 들어왔다.

　스모키의 '리빙 넥스트 도어 투 앨리스(Living Next Door To Alice)'라는 노래 가사는 이렇다. 앨리스 옆집에 사는 소심한 남자가 24년 동안 사랑 고백을 하지 못하고 애만 태우다가 어느 날 갑자기 그녀가 이사를 가버린다는 슬픈 이야기다. 담배 연기처럼 몽롱한 사운드로 유명한 스모키의 음반을 틀어놓고 크리스 노먼의 허스키한 목소리를 따라 흥얼거려본다. 대학 시절에 이 노래를 함께 목청껏 불렀던 친구들—성란, 진경, 선화, 소영이가 그리워진다.

> 샐리가 소식을 듣고 전화를 했죠/
> 그녀는 말했어요 "네가 앨리스 소식 들었나 해서…."/
> 난 창문으로 달려가서 밖을 바라보았죠/
> 난 내 눈을 믿을 수가 없었어요./
> 큰 리무진이 앨리스네 집으로 들어가고 있었기 때문이죠.

  오랜만에 감미로운 기타 연주와 경쾌한 록밴드에 몰입한 내 심장이 드럼 소리와 함께 쿵쿵 뛰었다. 해외 이삿짐 꾸리느라 바쁜 중인데 슬픔의 체념이 녹아 있는 아련한 노래에 취해 마음은 벌써 트리폴리 바닷가, 상상 속 아름다운 그녀의 집 옆으로 날아가 있었다.

  팬암기 폭파 사건으로 트리폴리 공항이 폐쇄되어 튀니지에 내려 국경을 넘어야 하는 멀고 험한 여정이 두려웠지만 언제 이런 나라를 가볼 수 있을까. 좋은 기회로 여기자고 용기를 냈다. 지구 끝까지라도 가족은 함께여야 한다는 남편의 지론에 찬성하며 아프리카 지도 맨 위쪽 가운데 있는 나라, 리비아로 떠났다.

어떤 직원 가족은 대형 이삿짐을 배로 실어 보내는데 나는 웬만한 건 친척에게 나눠주고 신혼 가구만 친정집에 두고 간단한 짐만 비행기에 실었다. 신혼집 빌라 이웃이던 2층 멋쟁이 할머니와 그 앞집에 사는 태공이 엄마랑 정이 듬뿍 들었기에 헤어짐이 무척 섭섭했다. 새댁이라는 이름을 처음 불러준 그분들. 살림도 가르쳐주고 맛난 음식도 나눠주던 따스한 정을 잊을 수 없어 이별하던 날은 눈물샘이 터지고 말았다.

레가타, 우리가 사는 빌라는 넓고 한적한 동네였다. 2층짜리 낮은 빌라들 500세대가 여유로운 간격으로 조성되어 있고 레스토랑, 세탁소, 빵집, 카페 등 편의 시설도 잘 갖춰져 있었다. 주변에 야자나무 외에 이름 모를 키 큰 나무들과 식물들이 많아서 열사의 나라에 온 게 맞는지 놀라울 뿐이었다. 1층인 우리집 앞 큰 나무는 침엽수처럼 뾰족하고 부드러운 나뭇잎이 잔가지에 솔잎처럼 무성한데 밑으로 늘어진 모습이 멀리서 보면 수양버들 같기도 했다. 그 나무 이름이 무엇인지 알아내진 못했지만 한여름 뜨거운 태양도 잘 견뎌내고 겨울철 갑작스러운 폭우에도 끄떡없었다.

이제 앨리스와 아름다운 추억을 만들면 바랄 게 없으리라. 당시 유명했던 '오성식의 팝송 영어' 교재를 열심히 들으며 한 마디라도 잘해보려고 틈만 나면 혀를 굴리며 큰소리로 스피킹 연습을 했다.

어느 날, 누군가 벨을 누르지 않고 현관문을 두드려 나가보니 금발의 덩치 좋은 아줌마가 서 있었다. 그녀는 우리 차를 실수로 긁었다며 수리비를 주겠다고 했다. 오수를 즐기던 남편도 놀라서 일어났다. 약간의 스크래치일 뿐이라 돈을 받을 정도는 아니라고 하자 그녀는 고맙다는 인사를 남기고 낡은 롤스로이스를 타고 가버렸다.

"서양 사람들은 참 양심적이네." 내가 감탄하자 남편이 말했다.

"저 여자가 우리 옆집에 사는 앨리스야."

순간, 묘한 실망감이 스쳤다. '외모지상주의라니… 나도 참 속물이다. 머릿속 앨리스는 늘씬하고 젊은 금발 미녀였는데.'

생각할수록 내 자신이 웃기고도 슬펐다.

앨리스를 좋아할 수 없는 이유가 점점 늘어갔다. 그녀는 냉정하고 도도했다. 우리 아이들이 집 앞에서 놀아도 아는 척은커녕 전혀 관심을 보이지 않았고 용기를 내어 "하이~!" 하고 인사하면 건성으로 대답하며 눈길 한 번 주는 데도 인색했다.

집 전화가 불통이어서 어쩔 수 없이 그녀의 집에 가서 급한 전화 한 통을 빌려 써야 했던 날 처음으로 통성명을 나눴다. 그런데 그녀는 무표정한 얼굴로 "너 말레이시아에서 왔니?"라고 물었다. 순간 기분이 확 상했다. 내 피부는 동아시아인의 평균적인 밝은 노란색인데….

집에 돌아와 거울을 한참 들여다보다가 파운데이션을 하얗게 바르기 시작했다. 영국 오일 회사에 다닌다는 그녀는 상상 속의 우아한 숙녀와는 거리가 멀었고 이웃사촌으로 친해지기도 어려울 것 같았다. 문득 인종차별이 심하다고 알려진 영국이 떠오르며 심기가 불편해졌다. 게다가 '사우스 코리아'를 잘 모른다니 기분이 두 배로 나빠졌다.

K팝이나 한류 열풍이 불기 한참 전이었지만 당시 트리폴리에서는 동아건설의 리비아 대수로 사업이 한창 진행 중이었고 남편 회사도 발전소 공사 등 여러 가지 굵직한 사업으로 유명했기에 리비아에서는 한국인을 호의적으로 대했고 대접도 융숭했다. 그런데 정작 옆집 사람에게 이런 취급을 받다니 어이가 없었다. 그때 싸이의 「강남 스타일」이나 방탄소년단이 알려졌더라면 그녀가 나에게 좀 더 친절했을까? 영화 「오징어 게임」을 봤다면 달고나 만드는 방법이나 딱지치기를 어떻게 하는지 알려달라며 더 친근하게 다가왔을까?

쌀쌀맞은 그 영국 여자는 5월만 되면 비키니를 입고 오픈된 정원에서 온몸에 오일을 번들번들하게 바르고 벌렁 누워 일광욕을 즐겼다. 트리폴리의 5월은 태양이 뜨겁긴 했지만 그녀의 행동은 너무 성급해 보였고 이웃집 남자가 옆으로 지나가거나 말거나 누구도 신경 쓰지 않았다. 가끔 고개를 갸우뚱하며 겨우 나에게 물었던 말은 "너는 왜 선탠을 안 하니?"였다.

계속 물어보면서 이해할 수 없다는 듯 파란 눈을 깜빡이며 나를 바라봤지만 나는 그저 웃어줄 수밖에 없었다.

나의 첫 해외 생활의 이웃은 기대와 달리 노래처럼 낭만적이지 않았다. 소심한 앨리스네 옆집 남자처럼 설렘을 느꼈던 나는 앨리스를 처음 만난 날부터 환상이 깨져버렸고 하루 이틀이 지나면서 실망만 커져갔다. 앨리스를 사랑하는 남자를 오래 지켜보며 마음 졸이던 샐리에게로 나는 당장 떠나고 싶었다.

> 그녀는 말하길 "앨리스는 갔지만 난 여전히 여기 있잖아./
> 너도 알잖아, 나도 24년간 널 기다려 온걸."

뜻밖에도 나의 샐리들은 아주 가까이 있었다. 레가타에는 한국 가족이 세 가구나 있었고 당시 200명 정도밖에 안 되는 한인사회는 가족적인 분위기였다. 이미 우리 가족에 대한 정보를 다 알고 있는 상태였으며 몇몇은 우리를 자기 집으로 초대하려고 대기 중이라는 소식도 들었다. 혀를 굴리지 않아도 되고 김치도 나누어 먹으며 신참내기 동포에게 필요한 정보를 아낌없이 알려 줄 친절한 동지들이 앨리스에게 가려져 있었다는 걸 뒤늦게 깨달았다.

앨리스의 환상은 바로 포기했지만 '리빙 넥스트 도어 투 앨리스'는 잠시나마 즐거운 꿈을 꾸게 해주고 상상의 섬으로 초대해 준 나의 애창곡이라는 사실은 지금도 변함이 없다.

그때를 되돌아보면 내가 앨리스를 오해한 것일 수도 있다는 생각이 든다. 그녀는 편견이 심한 동양 여자에게 전화도 빌려주고 선탠도 해보라고 권하지 않았던가? 단지 언어의 벽 때문에 진심을 나누지 못했던 것일 수도….

물과의 전쟁,
사막 아래 거대한 지하수

리비아에 첫발을 디딘 11월은 섭씨 25도로 날씨가 쾌청하고 온화했다. 맨발에 닿는 카펫의 부드러움과 싱싱한 오렌지의 달콤함에 취해 "천국이구나"라며 감탄했는데 수도꼭지에서 나오는 물에 염분이 있는 게 옥의 티였다.

"엄마, 손가락이 짜요, 짜! 아유~ 짜다!"

아이들을 목욕시켜서 옷을 입힐 때마다 한바탕 소동이 벌어졌다. 처음엔 물통에 받아온 지하수 물로 헹궈주며 마무리하다 점차 양치와 세수할 때만 사용하고 물을 아꼈더니 공연히 팔뚝과 손가락을 쭙쭙 빨며 장난을 쳤다. 어차피 식수는 사다 먹었기에 큰 문제는 없었으나 샤워나 설거지에 염분이 있는 수돗물을 사용하는 것이 찜찜했다. 교민들은 어찌 사는지 알아보니 주택에 사는 사람들은 지하수가 나오니 별문제가 없었고 같은 빌라에 사는 몇 집은 헹굼 용 물을 몇 통씩 어디선가 공수해 온다고 했다. 바다를 앞에 두고 주택으로 이사 가기는 싫다고 내가 예민하게 굴자 남편은 물을 수십 박스씩 배달시키고 수시로 공수해 온 지하수를 몇 드럼통씩 쌓아두는 등 물과의 전쟁을 시작했다. 사실 바닷물을 담수화하는 과정에서 비용 때문에 짠 성분을 마지막까지 깔끔하게 제거하지 못했을 뿐인데 우리나라 사람들이 유독 신경을 쓰는 것이라고 했다.

가끔 빈 물통을 채우러 "짜다!" 외치는 철없는 용사들을 차에 태우고 먼 전선으로 떠나기도 했다. 사하라 사막 아래 거대한 지하수가 존재한다는 소문은 익히 들었지만 '큰 모래 상자'에 비유하기도 하는 척박한 사막에서 우물을 길어올 수 있다는 게 참 신기했다.

리비아 정부는 1953년, 사하라 사막의 석유매장 분포를 조사하던 중 지하 깊은 곳에 1만 년 전부터 축적된 35조 톤 정도의 지하수를 발견했다. 그것은 나일강이 200년 동안 흘려보내는 양과 비슷하다고 하니 물 부족 지역인 아프리카 사막에 얼마나 놀라운 뉴스인가! 이제 '모래 상자'라는 별명은 버려도 되는 것이 아닌가?

1969년 쿠데타로 세력을 잡은 카다피는 민심을 얻기 위해 사막을 농지로 바꾸는 녹색혁명 공약을 내걸었다. 대도시에 식수와 공업용수를 제공하고 농지에 물을 공급하여 식량난을 해결하겠다며 대수로 공사를 국가 최우선 사업으로 지정했다. 특별법까지 제정하여 대수로 공사를 방해하면 중형에 처할 수 있는 규정을 만들기도 했다.

　1983년, 우리나라 동아건설은 프랑스, 브라질, 일본 등 세계 굴지의 건설업체들을 물리치고 20세기 인류역사상 최대의 토목공사를 수주하여 세상에 큰 화제를 불러일으켰다. 남부 사하라 사막의 지하수를 끌어올려 사막을 가로질러 북부 지중해 연안 도시까지 거대한 물길을 만드는 건설 신화의 주인공이 대한민국이라는 것은 큰 자랑이 아닐 수 없다.

　리비아 대수로 1단계 사업(1984~1991)에서 1100만 명의 노동자와 550만 대의 중장비가 투입되는 세계 신기록을 세웠다. 동남부 지역 벵가지와 시르테에 물을 공급하는 공사를 성공리에 마쳤다. 1991년 8월, 벵가지에서 물이 쏟아져 내리는 통수식에서 리비아인들이 물에 뛰어들며 환호하는 모습이 전 세계에 방송되었다.

　카다피는 '세계 8대 불가사의'라고 극찬하며 2단계 공사도 동아 건설에 맡겼다. 총 5단계 공사로 계획된 리비아 대수로는 4000여 킬로미터에 송수관을 연결하여 하루 650만 톤의 지하수 공급이 목표였다. 우리가 트리폴리에 도착했을 당시 리비아 대수로 2단계 공사가 막바지에 이르러 수로가 코앞에 와 있었다. 이 위대한 물과의 전쟁이 우리 동네 가까이에서 벌어지고 있다고 생각하니 우리 집에서 벌어지는 물 전쟁은 그저 사소한 일에 지나지 않았다.

주말 한글학교에서 대수로 공사 현장 견학을 갔다. 거대한 송수관들이 줄지어 있는 사막에서 기념사진을 찍었다. 지름 4미터 길이 7.5미터 최대 무게 80톤이 넘는다는 웅장한 콘크리트관 앞에서 우리는 개미처럼 작게 느껴졌다. 1단계 공사에서 매설할 송수관 25만여 개를 운반했다는 설명을 듣고 그 규모가 상상을 초월하는 것이라 말문이 막혔다. 60대의 트레일러로 조직된 운반팀 행렬의 길이가 30킬로미터에 달했는데 인공위성에서도 보일 정도였다고 한다. 건설에 필요한 자재는 아프리카 밖에서 조달했고 송수관은 사리르 지역에 어마어마한 공장을 만들어서 자체 생산을 한다고 한다.

지구상에서 가장 덥다는 사하라 사막은 동·식물이 살지 못하는 죽음의 땅이라고 불린다. 봄철에 모래 폭풍이 불면 1미터 앞 분간도 어렵고 순식간에 지형이 바뀌기도 하며 건설장비는 쉽게 마모될 수밖에 없다. 시야 확보도 어려운 최악의 작업조건에도 "거의 맞는 것은 틀린 것이다!"라는 현수막을 걸고 물이 한 방울도 새지 않도록 많은 실험을 하며 정밀한 고도의 기술력으로 오아시스의 기적을 만들고 있었다. 자존심과 긍지로 인간의 한계에 도전하는 한국인 불굴의 정신이 존경스럽고 자랑스러웠다.

대수로 2단계 공사를 마친 후 국토의 1.4퍼센트에 불과했던 경작 가능 면적은 한반도 면적의 6배 이상이 되었다고 한다. 사람들은 성경에 "광야에서 물이 솟을 것이고, 사막에서 시내가 흐를 것이다."(이사야 35장 5절)는 예언이 실현된 것이라고 믿기도 한다. 그 위대한 역사적 현장을 우리 가족이 가까이서 지켜봤다는 사실이 뿌듯했다.

트리폴리 통수식(1996)이 있기 1년 전쯤 우리는 시내에 있는 회사 빌딩 숙소로 이사를 해야했다. 회사의 지원으로 더 넓은 집으로 간 것은 좋았지만 바닷가 집을 떠나는 것과 짠물이 담수 되어 소금기가 완전히 없어지는 걸 직접 경험하지 못한 게 아쉬웠다.

2010년대 리비아 내전 중에도 크게 반정부 시위가 일어나지 않는 것은 우선 생존에 필수적인 수자원 공급이 안정적이기 때문이었다고 한다. 천문학적인 공사비를 들인 지하수 개발은 남부에 있는 오아시스에 악영향을 끼칠지도 모른다는 우려도 있었지만 향후 50년 동안은 공급에 문제가 없다고 한다. 지하수가 고갈되면 대수로가 쓸모없어질 수도 있다는 우려가 있다. 바닷물이라도 활용한 해결책이 잘 연구되어 한국인의 토목건설 신화가 영원히 이어지길, 사막에 물길을 낸 위대한 도전이 먼 훗날 21세기 판 수로문명으로 기억되길, 그 한 줄기 물길이 생명의 띠가 되어 사막을 가로지르고 후손들은 그 위에 도시를 세워 더 나은 세상을 향해 나아가길 바란다.

사하라의 진주,
오아시스 마을 가다메스

바람이 구름을 날려다 주지 못하여 비가 내리지 않는 그곳, 기억의 차창 밖으로 세계에서 가장 큰 사하라 사막이 펼쳐지고 있다. '사하라'라는 말은 아랍어 '사흐라(Sahra: 불모지)'에서 유래했다. 식생이 없는 적색 평원은 삭막하기만 할 줄 알았지만 그곳은 얼마나 고요하고 평화스러웠던가.

남편 회사 직원 가족들과 현지 공휴일을 이용해 관광버스를 타고 사하라 사막의 오아시스 마을 '가다메스'로 여행을 떠났다. 트리폴리에서 남서쪽으로 680킬로미터 떨어져 있는 그곳은 차로 7시간 정도 걸리는 먼 곳이다.

'사막이 아름다운 것은 어딘가 우물이 숨어 있기 때문'이라는 말은 언제 들어도 상상력을 자극하는 멋진 비유다. 우리의 삶이 사막처럼 메마를 때 그 말은 오아시스처럼 신선한 위로가 되어준다. 끝없이 펼쳐지는 텅 빈 곳이 아름다울 수도 있다는 걸 깊이 느껴본 그 순간, 철학자라도 된 듯 진지하게 사색에 잠겨 즐거운 상상에 빠져있는데 버스가 멈추었다.

'나룻Nalut'이라는 마을에 잠시 들른다고 했다. 북아프리카의 토착민 베르베르인들 모습이 그대로 남아 있는 나룻은 해발 600미터 나프샤 고원에 있다. 바위산에 집을 짓고 길을 내고 성을 쌓은 모습이 대단했다. 구도시에 들어가니 언덕 꼭대기에 구멍이 벌집처럼 뚫린 높은 건축물이 보였다. 흙벽돌로 쌓아 올린 건축물에는 야자수 나무가 기둥처럼 여기저기 튀어나와 있었고 작은 구멍들이 많이 보였다. 아파트의 원조처럼 느껴지는 그것은 사막 마을 외곽에 하나씩 있는 '크사르(Ksar)'였다

기원전 7세기부터 있어 왔던 크사르는 올리브나 곡식 등을 공동으로 보관하는 중요한 저장고이다. 3층과 7층짜리가 섞여 있는데 크고 작은 방이 360개가 넘는다. 높은 방에 곡물을 옮길 때는 도르래를 이용했고 베르베르인들이 교대로 경비를 철저하게 서서 크사르를 지켰다.

무슬림이지만 아랍인은 절대 아니라고 말할 정도로 자부심이 높은 베르베르족은 이탈리아계를 비롯한 라틴계 백인에 가깝다. 황량한 오지에 살면서 자신들의 언어와 풍습을 고수해 온 그들의 삶은 척박해 보여도 지혜롭고 꿋꿋하게 지켜온 의지는 위대해 보였다.

'사막의 진주'라 불리는 가다메스 구도시 Old Town of Ghadames 는 나룻에서 6시간을 더 가야 했다. 버스는 다시 황량한 사막 한가운데 아스팔트를 하염없이 달렸다. 가끔 나타나는 붉은 모래언덕들이 그림처럼 아름다웠다. 남자 직원들 몇몇은 버스 중간 바닥에 자리를 깔고 앉아 내기 화투를 쳤고 여자들은 옆 사람과 수다 꽃을 피우며 즐거웠지만 몇 시간을 달리고 달려도 휴게소가 안 보이니 화장실이 절실한 문제였다.

아이들과 남자들은 가끔 버스를 멈추게 하고 황량한 길가에서 버스를 등지고 방뇨를 했다. 여자들은 부럽기만 할 뿐 나무 한 그루는커녕 풀 한 포기도 보기 힘든 무한 벌판에 발가락 하나 숨길 틈조차 없어 난감했다. 고원이나 사막여행을 갈 때는 우산이나 양산을 꼭 챙겨가라고 말했던 지인 얼굴만 자꾸 떠올랐다. 그런 와중에 이슬람교를 믿는 현지 직원들이 앉아서 소변을 보는 풍경이 이색적이라 곁눈질로 유심히 보았다. 이슬람권에서는 남성들이 앉아서 소변을 보는 관습이 있어서 공공화장실에 남성용 입식 소변기가 없는데 그 이유가 성기를 남에게 보여주는 것을 금하는 엄격한 이슬람 율법 때문이라고 한다. 리비아에 처음 도착했을 때 우리 집 화장실에 변기 옆에 수도꼭지가 달린 이상한 용기가 도대체 무엇에 쓰이는 것인지 의아했다. 발을 씻는 용도인가 싶었는데 그것은 아랍의 비데 같은 것이었다. 뒤쪽 레버를 건드리면 물이 분출되어 처음엔 물벼락을 맞았다.

오른손과 왼손을 확실히 구분하는 그들의 문화도 알게 되었다. 오른손은 악수하거나 음식을 먹고 선물을 주고받을 때, 왼손은 용변 본 후나 신발을 닦을 때, 코를 풀 때 사용한다. 인구 통계학적으로 전 세계 인구의 성인 왼손잡이가 10퍼센트인데 비해 아랍인들은 1퍼센트도 안 된다고 한다.

이런저런 상상을 해보며 참고 참아도 휴게소는커녕 쓰러져 가는 집 한 채도 안 보이니 인내심이 한계에 이르렀다. 유네스코 세계유산으로 지정(1986년)된 지 10년이 넘었는데 가다메스가 리비아 '관광 보석'이라면서 여행자를 위한 화장실 하나 제대로 지어 놓지 않았단 말인가? 현지 직원은 정말로 이제 조금만 더 가면 된다지만 또 거짓말 같아서 눈을 흘기는데 갑자기 거대한 모래언덕이 나타나고 버스가 멈췄다.

사진으로만 보았던 사하라 사막의 붉은 모래언덕! 그 신비롭고 장엄한 모습에 넋을 잃은 우리는 맨발로 곱디고운 모래를 밟으며 언덕을 오르기 시작했다. 터질 듯한 방광을 부여잡고 애태우던 사실도 잊은 채 발바닥에 스치는 모래의 부드러움에 그만 매혹되고 말았다.

감탄을 연발하던 여자들은 어느새 한쪽으로 모여들었다. 평소 성격이 소탈한 상사 부인 두 분이 용감하게도 볼일을 보자고 제안

했다. 아이들과 남편들을 언덕 뒤편으로 멀리 보내고 우리는 두 줄로 조심스레 자리를 잡았다. 그런데 어찌 된 일인지 몇몇은 앞 사람 바로 뒤에 앉게 되었고 엉거주춤한 자세로 민망함이 스며들려는 찰나 어디선가 바람이 불어와 우리를 부영게 감쌌다. 그 순간, 눈을 질끈 감자 시간이 멈춘 듯했다. 상상의 날개가 나를 머나먼 시간 속으로 데려갔다.

  1만 년 전의 사하라가 펼쳐졌다. 코끼리와 사막여우, 타조들이 눈앞에 살아 움직였다. 낙타 행렬이 불타는 태양과 모래 폭풍을 뚫고 돌아왔다. 가다메스 시장은 곧 시끌벅적하다. 아프리카에서 건너온 상아, 금, 은, 타조 깃털이 진열대에 가득하고, 시장 뒷골목에서는 상인들이 사시끌벅적 흥정을 벌인다. 터번을 쓴 잘생긴 아랍 남자가 부인에게 줄 장신구를 사서 야자나무 늘어선 오아시스를 지나 집으로 향한다. 그의 긴 옷자락이 나풀거리는 그림자가 아름답다.

  "꺄르르~" 웃음소리에 눈을 떴다. 방광을 비운 공모자들은 서로를 바라보며 고개를 젖히고, 터져 나오는 웃음으로 민망함을 지우고 있었다. 기다렸다는 듯 바람이 또 한 번 달려와 모래 위에 새겨진 문양들을 살포시 덮어주었다. 행복이란 결코 멀리 있는 게 아니었다. 사막 위의 하늘이 이토록 맑고 푸를 줄이야. 몸도 마음도 가벼워진 우리는 콧노래를 흥얼대며 다시 언덕을 올랐다. 세상 부러울 게 없었다.

　찡그렸던 얼굴들이 꽃처럼 활짝 피어나 다시 언덕을 밟고 내려오는데 멀리 알제리 국경에서 총을 든 군인들이 우리를 내려다보고 있었다. 혹시나 망원경으로 우리 모습을 본 것은 아니겠지? 누가 먼저 시작했는지 우리는 냅다 손을 흔들며 큰소리로 인사를 했다. "앗살라무 알레히쿰(안녕하세요)?" 멀리서 그들의 굵은 음성도 들려온다. "알레히쿰 살라(네, 반갑습니다)"

　베르베르 유목민 중 하나인 투와레그touareg족이 사는 가다메스의 역사는 4천~5천 년 전으로 거슬러 올라간다. 까마득한 기원전의 세상은 상상하기도 어렵지만 턱을 괴고 골똘히 상념에 빠져본다.

　고대부터 카라반을 대상으로 수 세기 동안 이탈리아와 터키 등 유럽 국가의 주요 거점 역할을 한 가다메스는 사막을 건너던 말을 쉬게 하던 중 암말 한 마리가 발굽으로 땅을 치자 물이 솟아올라 생겼다는 전설이 있다. '아인 엘 페르사'라고 하는 신기한 이야기를 품은 오아시스를 생각하니 설렘이 가득찼다.

　황량한 사막만 펼쳐지다가 가다메스 마을 입구에 우거진 야자나무 숲을 만나니 신기루인가 착각이 들었다. 타원형의 마을 한가운데에 오아시스 '아인 엘 페르사'가 보였다. 사막에서 커다란 샘

물을 만나니 환호성이 절로 났다. 작은 수영장 같았다. 마셔도 된다고 하며 현지 가이드는 손으로 떠먹는 모습을 보여준다. 깊이 15미터의 샘 둘레에는 사원과 도시의 농장까지 연결된 수로들이 여러 개 있다. 기후 변화로 대부분이 사구나 암석으로 변했는데 오천 년이 넘도록 샘물이 솟아나고 있다니 얼마나 축복받은 땅인가. 끊임없이 솟아나는 오아시스 덕분에 현재까지 옛 모습을 그대로 간직한 구도시 가다메스는 1983년 도시 전체가 신도시로 옮겨가기 전까지 투와레그족이 살았다.

가다메스 가옥의 건축 양식은 사막 지역 주변 도시와 뚜렷하게 구별된다. 원형으로 무리 지어 형성된 도시는 가장자리에 가옥들의 외벽을 강화하여 요새 벽을 형성하고 있고 울타리 여기저기에는 엉성해도 문과 보루를 갖추고 있는 게 특이했다. 도시의 문은 모두 7개로 해가 지면 문을 모두 닫았다고 한다.

1200채의 집과 골목이 한 덩어리로 성채에 싸여있는 하얀 건축물로 들어갔다. 반지하 구조 도시의 정문으로 들어가니 생각보다 어둡지 않고 아주 시원했다. 햇빛에 말린 흙벽돌을 사용해 지은 지붕은 야자나무와 흙으로 덮여있는데 여름철은 시원하고 겨울철은 따뜻한 비결이라고 했다. 골목 중간중간은 뚫려있어 맑은 공기가 들어왔는데 어둡지 않은 이유였다. 미로 같은 집으로 들어가 보니 3층 집이다. 1층은 물품을 보관하고 2층은 가족들이 생활하는 곳이며 3층에 부엌이 있는 이유는 부엌에서 발생하는 연기와 열을 밖으로 내보내기 위해서다. 이 방식은 가다메스 마을의 전통적인 건축 양식에 따른 것이다. 대문에 걸린 문고리는 남자가 방문할 때는 천천히 두드리고 여자는 빠르게 두드려서 남녀가 마주치지 않게 하였다.

가족들이 생활하는 방은 거의 빨간색 벽걸이나 장식으로 화려하게 꾸몄다. 방에 작은 거울들이 여기저기 많이 붙어 있었는데 그 이유는 창문이 위에 하나밖에 없어서 서로 반사하여 안을 환하게 밝히기 위한 것이다. 색으로 강조한 검소한 장식물과 작은 창문, 벽돌과 목공예, 석공예, 그리고 야자나무 목제의 문틀 등 모두가 친환경적이라서 그런지 포근하고 편안한 느낌이다.

한쪽 구석에 붉은 커튼과 카펫으로 장식된 작은 방은 일생에 두세 번 사용한다고 한다. 남녀가 결혼하려고 처음 만날 때와 남편이 죽었을 때이다. 부인은 그 방에 들어가 슬픔을 달래며 4개월 열흘 동안 머물러야 한다. 칩거하는 이유는 만약 아이를 가졌다면 누구의 아이인지 확인하기 위한 것이다. 아랍어로 여성을 '하람 Haram'이라고 부르는데 '금기'라는 뜻이기도 하다. 이렇게 재혼 금지 기간을 거쳐야 자유로운 몸이 되고 남편의 유산도 그때야 받을 수 있다.

하얀 옥상에는 미로처럼 연결된 네트워크형 길들이 아름답다. 외출이 자유롭지 않은 여인들을 배려하여 만들었는데 그 길을 통해 이웃 마을을 언제든 오갈 수 있었으니 참 지혜로운 발상이다. 남녀가 유별한 시절, 뜨거운 모래바람 속 미로 같은 집에서 아이를 낳고 남편이 죽으면 외출도 못한 여인들. 그럼에도 오아시스에서 물을 길으며 행복한 순간이 있었을 것이다.

동화책 속에나 나올법한 아름다운 오아시스 마을 가다메스. 야자나무를 배경으로 서 있는 하얀 모스크와 하얀 골목길은 '사하라의 진주'라는 말 그대로 사막이 품고 있는 영롱한 보석처럼 느껴졌다. 사막 한가운데서 오늘날까지 풍부한 물을 얻을 수 있다니 신이 내려준 기적의 선물이 아니겠는가. 하얀 벽에 반사된 햇살은 더욱 눈에 부셨고 모래 위로 드리운 야자수 그림자는 마치 꿈속 풍경 같았다.

지구의 한 모퉁이,
지중해에서

파도가 밀려온다. 아침에는 입덧하는 임신부처럼 창백했는데 저녁이 되자 으르렁~으르렁 하얀 거품을 거칠게 입에 물었다. 해변의 검은 바위들과 한 판 붙은 지 얼마나 되었을까. 쓰러지고 또 솟구치며 분노를 물어 뱉는 시간, 막상막하 끝이 없을 듯한 포효는 멀리서 노을이 번져오자 마법에 걸린 듯 바다 밑으로 고요히 사라져 버렸다.

  나는 어쩌다 이 먼바다를 찾아왔던가. 충청도 내륙지방에서 자란 내가 코발트색 지중해 바닷가에 살아본다는 것은 아무래도 전생에 좋은 일을 한 가지라도 했기 때문일 것이다. 아니면 옹알이도 못 뗀 여식을 두고 저승으로 급히 떠난 아버지가 포세이돈을 만나 가장 아름다운 바다를 나에게 보여주라고 부탁했을지도 모를 일이다. 저 노을은 바다의 신 포세이돈 이야기를 그 먼먼 전설들을 다 알고 있을까?

고대부터 중세 말까지 유럽 문명의 중심 무대였던 지중해! 유럽과 중동 문명의 땅 가운데 있는 거대한 바다, 지중해는 6500만 년 전까지만 해도 테티스해라고 불렸다. 아프리카 대륙과 이베리아 반도가 충돌하여 거대한 댐이 생겨나 육지에 둘러싸인 바다가 만들어졌고 태양열에 바짝 말라버려서 약 50만 년 동안 소금만 남은 사막이었다가 다시 물이 고이기를 수없이 반복했다는 역사는 그저 신화처럼 아스라하다. 신비한 오색 빛에 취해 끝없이 들여다본다.

"너는 어디서 왔니?"

바다가 푸른 눈을 깜빡이며 말을 건다.

"아주 먼 나라…. 코리아!"

뜻밖의 질문에 목소리가 기어들어 간다. 저 멀리 수평선 위로 붉은 옷자락이 길게 드리워진다. 노을을 닮은 슬픔이 물결 위로 아른거리며 이방인의 외로움이 더욱 짙어진다.

"엄마아~~~~! 언니이~~~~~!"

두 손을 입술에 모으고 크게 불러본다. 네살, 여섯 살 남매가 엄마를 흉내 내 따라 외친다. 아버지도 불러보고 싶지만 어딘가 먼 기억 속에 묻혀 차마 부를 수 없다. 이별의 슬픔조차 아픈 추억이 되지 못하고, 사진 속에 화석처럼 남아 있는 분. 나도 모르게 눈물이 흐른다. 놀란 아이들이 다가와 내 눈물을 닦아주며 입을 씰룩

거린다. 까만 눈동자에 눈물이 그렁그렁 맺힌 두 꼬마의 손을 잡고 냅다 달린다.

"꺄아아~~!"

아이들의 해맑은 소리가 허공을 가른다. 저녁 먹으러 돌아가던 파도가 튀어나와 아이들 꽁무니를 따라간다. 아이들 머리칼에 묻어있던 노을이 한 점 후투두둑 길에 떨어진다. 얼굴에 스몄던 노을빛은 땀에 젖어 어느새 붉은 물감처럼 번져간다.

낮은 빌라촌을 감싸며 바다로 향하는 산책길에 하나, 둘, 가로등이 켜졌다. 우리 꼬맹이들은 먼 훗날 레가타의 노을 진 바닷가를 기억할 수 있을까. 지중해 역사를 배울 때 그 바다를 어릴 때 본 적이 있노라 하며 회상할 수 있을까.

멀리서 대우 건설 가족이 보인다. 수빈이 엄마가 우리 아이들 또래의 남매를 데리고 손을 흔들고 있다. 우유를 사러 나왔다며 자기 남편도 늦는다면서 저녁을 같이 먹자고 한다. 우리보다 1년 먼저 와서 레가타에 살고 있던 그녀는 여러 가지 도움을 준 고마운 이웃이다. 나보다 네 살이나 어려도 요리 솜씨가 출중해서 그녀의 즉석 초대는 언제나 반갑다.

"어제 양 갈비를 샀는데 부드럽고 맛이 좋아요."

그녀는 오븐을 예열하면서 양갈비는 레몬과 소금을 뿌려서 굽는 게 젤 깔끔하고 맛있다고 비법을 알려준다. 능숙한 솜씨로 그린 샐러드에 직접 만든 소스를 넣어 버무리고 한국인 농장에서 키운 배추로 담근 맛있는 김치도 내놓는다. 사막의 나라 리비아에서 배추 농사를 지어 김치를 먹을 수 있게 공급해 주는 동포가 있다는 게 정말 신기했다. 나도 그 배추와 무를 사서 낱장으로 찢어온 요리책 레시피를 보며 어설프나마 김치를 만들어 먹고 있었다. 신혼 초부터 친정어머니가 늘 냉장고를 채워주셨기에 육아만 신경 쓰다가 훌쩍 떠나왔으니 이역만리서 홀로서기는 힘들 수밖에 없다. 인터넷도 없던 그때 수빈이 엄마처럼 야무진 살림꾼이 큰 힘이 되었다.

노릇노릇 잘 구운 양갈비는 입안에서 육즙이 터지며 고소한 풍미가 퍼졌다. 양고기 특유의 냄새는 전혀 없고 부드럽고 맛있었다. 한국에서는 한 번도 맛보지 못한 오래도록 기억에 남을 맛이었다. 언제 국물을 우려냈는지 금세 호박과 계란 지단 고명을 얹은 잔치 국수를 따뜻하게 말아냈다. 양고기를 실컷 먹고 토닥토닥 잘 놀던 아이들도 국수 앞으로 다시 모여들었다.

"중국제 자전거를 샀는데 체인이 계속 벗겨져서 제대로 탈 수가 없어요. 품질 좋은 자전거는 어디서 팔아요?"

"리비아는 경제제재에 걸려서 물자가 워낙 귀해요. 그거라도 고쳐서 그냥 타야 해요."

어쩌다 현지 라디오 방송 채널을 돌리다 보면, "무쉬낄라 아메리까노(미국은 나쁘다)"라고 반복하며 분노에 찬 아나운서의 목소리가 늘 격앙되어 있다. 카다피가 쿠데타로 정권을 잡은 후 소련과 군사협력을 체결하자, 미국은 리비아에 비자 발급 금지 등 여러 제재를 가했다. 그로부터 10여 년이 지난 후 트리폴리의 경제 상황은 몹시 어려웠다. 튀니지 공항에 내려 리비아 국경을 넘을 때 끝없이 이어진 고물차 행렬을 보며 이미 그 상황을 짐작할 수 있었다. 그 열악한 나라에서 우리나라 굴지의 건설회사들이 고된 노동 속에서도 묵묵히 땀 흘리며 엄청난 오일머니를 벌어들이고 있는 모습이 참으로 존경스럽다.

수빈 엄마는 한국에 출장 갔던 동료 직원이 사 왔다며 아이들 과자랑 김을 챙겨주었다. 서울에서는 잘 안 먹던 과자도 여기서는 귀해지니 "한국 과자다!"라고 환호하는 모습에 웃음이 났다. 따뜻한 이웃에게 환대받고 걸어서 집으로 돌아오는 길, 이국의 하늘에 별들이 총총 떠 있다.

저 멀리 철썩이는 파도 소리가 점점 잦아들고 그리움도 외로움도 별처럼 빛나는 밤. 가로등 불빛에 길게 늘어진 그림자를 밟으며, 통통 튀어오르는 반딧불이처럼 반짝이는 아이들과 나는 지구의 한 모퉁이를 돌아서 가고 있었다.

토부룩에서
국경을 넘다　　- 이집트 기행 1

　　　　　　　　　　리비아에서의 4년은 세계여행의 꿈을 실현해 준 시간이었다. 사막 나라에서 문화생활을 기대하기는 어려웠지만 휴가철이 되면 짐을 꾸려 여름엔 유럽으로 겨울엔 인근의 따뜻한 나라로 여행을 떠나는 일이 자연스러운 일상이 되었다.

　어느 겨울, 우리 가족은 이집트로 떠났다. 카이로에서 룩소르, 그리고 아스완까지 일주일 동안 여행하기 위해 미리 가이드북을 보며 열심히 공부를 해두었다.
　드디어 트리폴리 공항에서 국내선을 타고 리비아 북동부 항구도시 토부룩에 도착했다. 비행기 바퀴가 우레 같은 진동과 함께 활주로에 닿자 승객들이 일제히 자리에서 일어나 손뼉을 치며 환호했다. 처음 보는 광경이라 신기하기도 하고 놀랍기도 했지만 하루에 다섯 번씩 알라신께 기도하는 이들에게는 자연스러운 일이었다.

공항 밖으로 나오니 크고 쾌적한 이집트 관광버스가 기다리고 있었다. 리비아 동쪽으로 국경을 맞대고 있는 이집트는 트리폴리 국제선이 폐쇄되지 않았다면 비행기로 두 시간이면 닿을 거리였다. 하지만 우리는 토부룩에서 아침부터 저녁까지 장시간 버스를 타야 했다. 그래도 튀니지에서 자동차로 대여섯 시간 달려 국경을 넘어 본 경험이 있었기에 마음을 열고 여행을 즐기기로 했다.

이집트로 가는 길에는 튀니지 국경을 넘을 때처럼 돈뭉치를 흔들며 달러 환전을 권하는 상인들은 없었다. 대신 검문검색이 유별나게 엄격했다. 가끔 버스에서 내리게 한 뒤 줄을 세워 신분증 검사를 하기도 했고 두어 시간쯤 달리면 무장 경찰이 버스에 올라 매서운 눈초리로 승객들을 훑어보았다. 남편과 나는 옷 속 여기저기 숨겨둔 달러를 들킬까 봐 조마조마했다. 다행히 우리 아이들을 한참 바라보기만 할 뿐 가방을 열어보라는 말은 없었다.

끝없이 펼쳐지는 황무지에 원통형 시멘트 기둥의 송전선이 하나의 풍경이 되어 주었다. 끊임없이 이어지는 송전선이 결국 어디선가 빛과 에너지가 되리라 생각하니 새삼 감동이 밀려왔다.

뒤통수를 보이고 내 앞에 앉은 이집트 여자가 고개를 돌려 말을 걸어왔다. 산부인과 의사라는 그녀와 영어로 혹은 아랍어로 더듬 더듬 얘기를 나누었고 우리 아이들이 귀엽다며 연신 과자를 주었다. 내가 몇 마디 아랍어를 구사할라치면 그 옆에 있는 다른 여자들까지 웃어댔다. 어설픈 발음과 서툰 말투 때문이었을 것이다. 남루한 옷차림에 호기심 어린 순진한 눈빛을 한 그녀들과 나눈 짧은 대화는 유쾌했다. 공연히 나는 어눌한 수다쟁이가 되어 이방인의 외로움을 드러내고 있었다.

절반쯤 갔을까. 달리던 버스가 휴식 시간을 가지려고 서는데 도로 옆으로 낮고 허름한 천막들이 보였다. 가까이 다가가니 그곳은 팔레스타인 난민촌이었다. 아랍어로 "우리의 인권은 어디로?"라고 쓴 현수막 글자를 이집트 여자가 영어로 해석해 주었다. 당시 텔레비전에서 자주 보던 아프가니스탄 난민과 다를 바 없었다. 천막촌의 비참한 생활을 눈으로 직접 보니 인간이 얼마나 한계를 극복할 수 있는지 신들이 내기라도 하는가 싶어 우울해졌다. 그 삭막한 국경에서 찌그러진 양은그릇보다도 못한 인권의 외침을 누가 들어줄 것인가. 이스라엘과 팔레스타인은 1993년, 반세기 동안에 갈등을 마감하는 화해의 기관차를 전 세계의 환호 속에 출발시켰다. 그 후 3년이 넘었건만 아직도 그들을 품어주기엔 이른 것인가? 나의 어린 아들은 그들이 누구인지 아무것도 모른 채 천막 옆에서 포물선을 그리며 소변을 보았다.

이집트의 북부 알렉산드리아에 도착한 것은 어두운 밤이었다.

호텔에서 하룻밤을 자고 일어나 창문을 여니 지중해의 진주라는 말이 실감 나는 아름다운 바다가 햇살에 반짝이고 있었다. '아!' 하는 탄성이 저 멀리 바다 끝까지 퍼져 나갔다. 클레오파트라가 살았던 도시에 왔다는 사실이 실감나지 않았다.

커피와 빵으로 간단한 아침 식사를 하고 시내 남쪽의 굼후리아 광장에 있는 알렉산드리아 국립박물관에 갔다. 지중해를 바라보고 있는 오래된 건축물들은 로마 양식의 것들이 많이 보였다. 알렉산드리아는 기원전 4세기 알렉산더 대왕에 의해 세워진 카이로 다음으로 큰 도시다. 그가 죽은 후 프톨레마이오스 왕조 시대에는 지중해 문화의 전성기를 맞이했다. 비록 로마에 정복되었지만 7세기 아랍의 침입을 받기 전까지는 유럽 문화의 꽃을 피웠기에 지금도 유럽 도시의 분위기를 풍긴다.

지하 1층에는 고대 이집트, 1층에는 그레코 로만(Greco-Roman), 2층에는 이슬람 시기로 전시장이 나누어져 있었다. 그리스-로마 시대 유물을 소장한 박물관에서 클레오파트라 조각상을 보는데 생각했던 화려한 미인은 아니었다. 짧은 머리에 남자 같은 모습이었다. 사실 그녀가 미인이었다는 기록은 없다고 한다. 아이들이 박물관을 지루하게 여겨 제대로 못 보고 빨리 떠나야 했던 게 아쉬웠다.

굼후리아 광장으로 이어진 어느 복잡한 시장통에서 당나귀가 끄는 수레 위로 산더미처럼 쌓인 마늘을 보고 순간 두 발이 땅에 붙은 듯 멈춰 섰다. 우리나라 김장철에나 볼 수 있는 어마어마한 마늘 더미였다. 중앙아시아가 원산지인 마늘은 선사시대에 지중해 연안으로 전해지며 주요 생산지가 되었다. 고대부터 이집트인들의 식사는 아침과 저녁 두 번이었는데 그때마다 마늘과 양파를 아낌없이 소비했다는 이야기가 떠올랐다.

알렉산드리아 해안도로를 지나서 고대 로마의 공동묘지 카타콤베catacombe로 갔다. 좁은 미로처럼 이어진 지하 묘지는 화산 석회암을 깎아 만들어 벽 곳곳에 무덤을 위한 구멍이 뚫린 게 인상적이었다. 원래는 귀족의 무덤이었으나 3세기 이후부터는 일반의 공동묘지가 되었다고 한다. 4세기에는 로마의 박해를 피해 이집트 기독교인들의 은신처로 쓰였으며 1900년에 우연히 이곳을 지나던 당나귀 짐마차가 구덩이에 빠지면서 그 존재가 세상에 알려졌다.

원통형 수직 동굴로 되어 있어 바깥의 원형 계단으로 지하 3층까지 내려갔다. 지하의 가장 깊은 곳은 35미터나 된다고 한다. 깊숙한 곳 원형의 홀 안쪽에 식탁이 놓인 넓은 방도 있었다. 무덤 주변에는 부부 조각상, 미라 제작 장면을 묘사한 입체적 벽화, 그리고 로마식 옷을 입은 이집트 신의 조각상도 눈에 띄었다. 고대 이집트의 장례 문화와 그리스의 문화가 뒤섞인 실내 장식이 흥미로웠다.

늦은 오후에 시외버스를 타고 카이로에 도착했다. 버스에서 내리자 이집트 남자 몇 명이 다가왔다.
"어디로 가십니까? 택시 있습니다."
"카이로 호텔까지 가는데 얼마죠?"
그들이 영어로 물었지만 나는 서투나마 아랍어로 대답했다. 그들은 50파운드를 달라고 했다.
"가 알리! 캄사 아쉬린!"(너무 비싸요. 25 파운드로 합시다.)
"노우, 서티 파운드! 오케이?"
이집트에 가면 반은 깎아야 손해 안 본다는 말을 들었기에 무조건 깎았다. 그런데 그들은 30파운드는 꼭 받아야 한다고 우겼다. 남편이 그냥 타자고 했지만 나는 도로변으로 나가 지나가는 택시를 다시 잡았다. 아랍어로 말을 건네자 15파운드를 내란다. 난 "딸라민!(13)"하면서 2파운드를 깎아 보았다. 내 발음이 우스웠는지 아니면 흥정이 맘에 들었는지 콧수염이 난 젊은 기사는 한쪽 볼에 보조개를 지으며 흔쾌히 짐을 트렁크에 실었다. 너무 깎는 게 아니냐는 남편에게 "재미있잖아!"하면서 익살맞게 웃어주었다. 유럽에서는 1달러도 아껴 쓰던 남편이 이집트에서는 후하게 팁을 주며 여유를 부렸다. 물론 유럽에 비하면 모든 게 싸서 넉넉했지만 알량한 아랍어 실력을 실험해 볼 겸 나는 무조건 흥정을 시도했다. 나중에 알고 보니 택시 값은 5파운드면 충분했던 거였다. 결국 우리는 절반도 안 되는 가격에 갈 수 있었다. 역시 소문대로 그들은 터무니없는 바가지를 씌우려 했던 셈이다.

카이로는 부유한 도시라고 하기는 어려웠지만 우리가 살던 트리폴리보다 훨씬 크고 복잡했다. 높은 빌딩들과 넘치는 차들을 보며 당시 세계에서 공해 일등국이라는 오명이 떠올랐다. 우리나라는 3위라고 했던가? 차량 번호판이 아라비아 숫자 1, 2, 3이 아니고 아랍어로 와헤드(١), 이쓰닌(٢), 딸랏따(٣), 아르바(٤)라고 표기한 것이 색달랐다.

30분쯤 시내를 향해 달려가니 카이로 호텔이 나타났다. 남편 회사 지인이 소개해 준 한국 여성이 우리를 맞았다. 오십 줄쯤 되어 보이는 그녀는 친절했지만 시간이 지나면서 묘한 거리감이 느껴졌다. 객실은 어린이 보조 침대 하나만 있으면 충분했지만 그녀가 50달러만 더 내면 스위트 룸을 이용할 수 있는 할인권을 제공해 주었다. 덕분에 머리맡에 파피루스 그림이 걸린 큰 침대에서 잠을 자고 응접실까지 갖춘 방에서 호사를 누렸다.

다음 날 아침, 우리는 카이로 공항으로 향했다. 그녀의 안내로 카이로는 마지막 날 보기로 하고 먼저 지방을 둘러보기로 한 것이다. 그녀는 부스스한 단발머리의 보통 키에 살이 약간 붙은 동실동실한 몸집을 갖고 있었다. 택시 기사가 뭐라 하자 그녀는 연신 "마알리쉬! 마알리쉬!"를 외쳤다. 뭔가 괜찮다는 뜻인 것 같았지만 뭐가 괜찮다는 건지 알 수 없었다. 내 아랍어 실력으로는 몇 단어만 알아들을 뿐 전체적인 뜻을 파악하기는 어려웠다. 그녀는 우리에게 몇 마디 건네다 말고 다시 택시 기사와 대화를 이어갔고 그 모습이 묘하게 우리를 무시하는 듯해 불쾌한 기분이 들었다.

공항에 도착해서 조금만 기다리면 표를 끊어 준다던 그녀는 시간이 한참 지나도 소식이 없었다. 한쪽 구석에 있던 우리를 허겁지겁 부르더니 비행기 좌석이 없으니 서서 가면 안 되느냐고 제안해 왔다. 자칭 국제 신사인 남편이 서서 가는 비행기가 어딨냐며 화를 벌컥 내자 그녀는 당황하여 다시 알아보겠다고 꼬리를 내렸다. 여전히 그녀는 아랍어로 떠들고 있었는데 석연치 않은 표정과 몸짓들이 또 거슬렸다. 마침내 좌석 번호가 분명한 표를 우리에게 건넸다. 내 돈을 내고 여행하는데 애초부터 호의를 거절할 걸 그랬나 싶었다. 어디서부터 잘못된 걸까? 불쾌한 기분을 떨쳐내려 했지만 찝찝함이 남은 채 비행기는 룩소르를 향해 이륙했다.

신의 여름 별장,
룩소르
—이집트 기행 2

카이로에서 룩소르를 향해 가는 파란 하늘은 근심 없이 평화로웠다. 구름 위에서 내려다본 풍경은 룩소르가 가까워질수록 점점 더 아름다워졌다. 황량한 사막 위로 올망졸망 나타났다 사라지는 야자나무들, 그 단순한 풍경이 이상하게 뭉클했다.

한 시간쯤 후 룩소르 공항에 도착했다. 먼저 호텔을 물색했다. 먹는 것은 대충 해결해도 잠자리는 신중하게 고르는 편이라 남편과 아이들을 밖에 세워둔 채 여러 번 방을 퇴짜 놓고서야 짐을 풀었다. 여행을 하다 보면 자신이 몇 점짜리 인간인지 알게 된다고 하던데 나역시 평소엔 몰랐던 내 까다로운 성격을 마주하게 되었다.

도시 전체가 유적이고 유물인 룩소르는 이집트 최대의 야외 박물관으로 일컬어지는 관광 도시답게 거리마다 호화롭게 치장한 투어용 마차가 많았다. 친절한 마부 아저씨가 우리 집 꼬맹이들을 무릎에 앉히고 채찍까지 손에 들려주자 아이들은 신이 나서 입을 다물지 못했다.

차선도 건널목도 없는 도로 위에서 자동차들과 마차 행렬이 뒤엉켜 달렸다. 모래색의 낮은 건물들 너머에서 아잔(이슬람 예배를 알리는 소리)이 울려 퍼졌다. 마침 그 소리를 배경 삼아 야자나무가 늘어선 신전 앞에 마차가 멈췄다.

룩소르 신전은 기원전 14세기, 아멘호테프 3세(Amenhotep III)가 신을 위한 여름 별장으로 지은 작은 신전이었다. 신들의 왕인 아몬에게 바친 거대한 카르나크 신전(Temple of Karnak)의 부속 신전이었는데 오랜 시간 동안 증축을 계속해 오늘날처럼 규모가 커졌다고 한다.

신전 앞, 길게 늘어선 스핑크스 행렬을 사열 받듯 지나니 하늘을 향해 뾰족하게 솟은 오벨리스크와 람세스 2세의 좌상이 입구에서 우릴 맞았다. 모든 신전에는 파라오의 힘과 권력을 과시하고 동시에 태양 숭배의 상징으로 오벨리스크를 세웠다. 한 쌍이었던 오벨리스크의 나머지 한 개는 1830년, 이집트가 프랑스에 선물하여 파리의 콩코르드 광장에 있다고 한다. 오벨리스크 끝을 황금과 은으로 장식해 태양 아래 찬란히 빛났다. 지금은 도둑들이 모두 뜯어간 탓에 그 빛을 잃어버렸다. 망가진 게 아쉬웠다.

첫 탑 문 안으로 들어가니 람세스 2세의 석상들이 서 있는 안마당이 나온다. 원래는 지붕이 덮인 신전이었는데 소실되었고 색깔이 조금씩 입혀진 거대한 기둥마다 신왕국의 마지막 역사와 이집트의 신화가 아름다운 상형문자로 기록되어 있다. 16미터가 넘는 거대한 기둥 사이, 람세스 2세의 조각상들은 대부분 갈라지고 부서진 채 힘겹게 서 있었다. 뭉개진 코와 비틀린 입술이 남긴 세월의 흔적은 더욱 처연했다. 역사상 가장 강력한 파라오 중 한 명인 람세스 2세는 이집트 구석구석에 기념물을 세워 '건축왕 파라오'라는 별명이 붙었다. 전국 곳곳에 자신의 조형물을 남긴 람세스 2세. 역사학자들은 이를 두고, 금수저로 태어나지 못한 그의 콤플렉스가 작용한 것이라 추측한다. 람세스라는 이름의 파라오가 많은 이유는 67년간 통치하며 이집트 최고의 전성기를 누렸던 람세스 2세를 본받고 싶기 때문이라고 한다.

조각공원인 줄 알고 마냥 뛰어노는 아이들, 그리고 야자나무 너머로 물드는 노을. 여유롭게 그 순간을 즐기다가 어느새 좁쌀만 했던 어둠이 점점 짙어지자 황급히 사진 몇 장을 남기고 그곳을 떠났다.

다음 날, '죽은 파라오들의 영원한 집'이라 불리는 왕가의 계곡으로 가기 위해 택시를 타고 나일강으로 향했다. 사탕을 달라고 외치는 새까만 아이들이 몰려들어 순간 당황스러웠다. '황금이 산처럼 쌓여 있고 백 개의 문이 있는 호화찬란한 고도'라고 칭송받던 옛날의 영화는 사라지고 조상들이 물려준 문화유산으로 근근이 삶을 이어가고 있는 현실이 안타까웠다.

    강변은 배를 타려는 관광객들로 북적였다. 커다란 하얀 돛을 단, 마치 펠리컨을 닮은 배들이 유유히 떠다녔다. 전 국토의 95퍼센트가 사막인 이집트. 기원전 3천 년에 찬란한 고대 문명을 꽃피우게 해준 나일강은 도도히 흐르고 있었다. 저 거대한 바위산이 파라오들의 무덤 계곡이라니 문득 스산한 기운이 스쳤다. 도굴을 방지하기 위해 인적이 드문 바위틈이나 벼랑에 무덤을 만들었다고 하는데 대부분 도굴당하고 64개의 무덤 중 8개만 공개되었으며 그중 투탕카멘의 무덤은 유일하게 도굴되지 않았다.

    우리가 처음 마주한 무덤은 람세스 9세와 람세스 3세의 것이었다. 긴 복도를 지나 안으로 들어가니 채색된 벽화와 상형문자, 그리고 태양신 라Ra와 동물 머리를 한 여러 이집트 신들의 그림이 가득했다. 특히 이집트에서 수호 부적과 인장으로 사용했던 풍뎅이 그림들이 인상적이었다. 죽어서도 생전의 영화를 누리고자 했던 파라오의 바람은 벽화로 남아 무덤을 현실과 사후 세계를 잇는 공간으로 만들었다. 벽화 속 신들이 죽은 자를 보호 했을까? 마치 수천 년 전의 의식 속으로 빨려 들어가 서 있는 듯한 기분이었다.

20세기 최대의 발굴물인 투탕카멘 왕의 무덤은 태양이 지는 나일강 서편, 깊숙한 계곡 속 바위를 뚫어 조성되었다. 무덤 위쪽에 마치 피라미드를 연상케 하는 바위산이 보였다. 이집트 18왕조 12대 왕으로 즉위했으나 열여덟 살에 요절하여 거의 알려진 것이 없지만 유일하게 도굴당하지 않은 무덤이었다. 통로가 좁은 계단으로 내려가니 유리 덮개의 관 속에 비운의 어린 파라오 투탕카멘의 미라가 있었다. 벽이나 천장의 지워져 가는 듯한 채색 벽화는 권력자의 영혼이 영원히 살기를 바라는 염원을 담았다.

파피루스에서 흔히 볼 수 있는 측면으로 그려진 머리와 정면을 응시하는 눈, 정면의 어깨와 가슴, 그리고 다시 측면으로 표현된 팔과 다리가 절묘한 균형을 이루는 인물화는 여전히 신비롭다. 그림 속 신은 죽은 왕에게 은혜를 베풀고, 노동자는 충성을 다하며, 춤추는 인물은 위안을 전한다. 동식물들조차 영양을 공급하는 존재로 그려져 그 모든 요소가 죽은 자의 영원한 삶을 향한 간절한 염원을 상징한다.

신기하게도 고고학자를 비롯해 이 무덤과 관련된 많은 사람이 죽었다. 미라를 엑스선 사진으로 찍던 신문기자, 묘를 파헤친 사람, 발굴을 도왔던 교수, 학자 등 우연이라기엔 너무나 많은 사람이 희생돼 파라오의 저주라는 소문이 돌았다. 묘의 입구에 적혀 있던 경고, "왕의 죽음을 방해하는 자에게는 죽음의 날개가 닿을 것이다." 그것은 단순한 협박이었을까. 아니면 정말로 저주였을까? 등골이 서늘해진 나는 부랴부랴 시선을 거두고 발걸음을 재촉했다.

왕가의 계곡 뒤편에는 또 하나의 장엄한 유적이 우리를 기다리고 있었다. 신왕국 시대의 건축미를 대표하는 걸작, 하트셉수트 장제전이었다. 이집트 최초의 여성 파라오이자 18왕조의 다섯 번째 왕 하트셉수트. 그녀는 파라오로서 권위를 내세우기 위해 가짜 수염까지 달았다. 그녀가 통치한 20여 년 동안 이집트 문명은 눈부시게 번성했다. 신전은 바위산과 하나가 된 듯한 3단 구조로 웅장하면서도 경이로운 아름다움을 뽐냈다. 각 층에는 웅장한 예배당과 정교한 부조 작품들이 자리하고 있었다.

나일강으로 돌아가는 길에 '멤논의 거상'도 만났다. 드넓은 황무지 한가운데 17미터에 달하는 두 개의 거대한 거상이 있다. 역시 예술이 절정을 이룬 신왕국 시대에 세워진 작품이다. 고대 그리스인들은 그 모습이 트로이 전쟁의 영웅 아가멤논을 닮았다며 '멤논'이라는 이름을 붙였다. 그러나 지금은 얼굴이 심하게 부서져 본래의 형체를 알아볼 수 없었다. 바람에 깎인 채 황무지에 앉아 있는 두 개의 거상. 고대의 영화가 사라진 그 자리에선 시간이 멈춘 듯 침묵만이 감돌았다.

파피루스 식탁보와
피라미드 유감   - 이집트 기행 3

　　　　　　　　　시내로 들어가 늦은 점심을 먹고 다음 여행지 아스완으로 향했다. 일 년 내내 날씨가 맑아서 이집트에서도 사계절 내내 사랑받는 여행지로 꼽힌다고 한다.

　룩소르에서 아스완까지 가는 택시를 한 대 잡았다. "아스완! 비 캄? (아스완까지 얼마예요?)" 빈약한 단어만으로 꿰맞춘 나의 아랍 말은 카이로에서부터 발동이 걸려 포기할 줄 모른다.

　쉬운 영어 몇 마디도 쭈뼛거리던 내가 외국 생활 2년이 되어 갈 즘 배짱이 두둑해져 있었다. 원어민이 아닌 걸 알면 목소리가 더 커지기도 했다. 경험은 용기의 어머니, 실천의 아버지가 아니던가. 이제는 내가 알고 있는 것에 자신감을 가질 수 있었고 새로운 도전 앞에서도 두려움보다는 흥미와 호기심이 앞섰다. 그때부터 어떤 어려움도 극복할 수 있다는 확신이 생겼다.

　길이 멀고 험했다. 택시를 타면 경찰의 경호를 부탁해야 한다고 카이로에서 우리를 안내했던 이가 말해준 게 생각나 겁이 덜컥 났다. 도적이라도 만날 수 있다는 건가? 다행히 택시 기사의 인상이 선해 보인다. 가도 가도 끝이 없는 황량한 풍경이 이어졌다. 황무지 언덕에 구멍을 내서 시멘트를 겨우 뭉개어 바른 듯한 네모난 집들이 난민촌을 연상케 했다. 당나귀에 사탕수수를 실은 수레를 타고 가는 시골 여인과 화물차 같은 허름한 기차를 기다리는 가난한 사람들 모습에 지구의 끝까지 온 것 같은 착각이 들었다.

택시 기사의 안내로 오지의 유적지에 들렀다. 그곳에서 파피루스 그림이 그려진 식탁보 몇 개를 사려다 경찰까지 동원되는 해프닝이 벌어졌다. 두세 군데 가게를 둘러보는데 한 곳에서 파격적인 가격을 불렀다.

"하다. 하다. 꾸울르! (이거, 이거 모두 주세요!)"

여러 장의 식탁보를 고르고 계산하려던 순간, 마침 한가하던 주변 상인들이 우리 쪽을 힐끗거리더니 갑자기 경찰을 불러 가게 주인을 고발해 버렸다. 이유인즉 말도 안 되게 싸게 팔았다는 것이었다. 눈앞에서 벌어진 일이 어이없기도 하고 어쩐지 불편한 기분이 들었다. 그만큼 현지 상인들 간의 경쟁은 살벌했다.

경찰이 훈계만 하고 떠나자 여기저기 상인들이 고성을 질러대며 자기네 물건을 사라고 달려들었다. 어처구니가 없었다. 식탁보를 던지고 나왔다. 이집트 여행 기념 선물의 소박한 꿈이 깨져버렸다. 흥정도 아랍어 자랑도 이제 다 지쳐버렸다.

반나절을 달려 무사히 이집트 최남단의 도시, 아스완에 도착했다. 시내를 한동안 헤매다가 초록색 지붕과 하얀 벽이 인상적인 '이시스 호텔'에서 머물기로 했다. 호텔 로비에서 계단을 따라 옆 건물로 내려가니 앙증맞은 정원을 둘러싼 낮은 빌라형 객실들이 보였다. 베란다에는 예쁜 화분과 하얀 미니 테이블이 놓여 있어 피곤한 여행자의 마음을 한결 편안하게 해주었다. 마치 동화 속 한 장면처럼 아늑하고 정겨운 공간이었다.

작은 배를 타고 드넓은 하이댐과 고대 이집트 시대에 성스러운 곳으로 여겨졌다는 라에 섬을 둘러보았다. 야자수와 화강암 바위가 어우러진 풍경이 마치 무릉도원을 연상케 했다.

도시 남쪽 변두리에는 고대 채석장이 있었는데 그곳에는 길이 42미터에 달하는 미완성 오벨리스크가 길게 누워 있었다. 붉은 화강암으로 만든 사각기둥은 오직 아스완에서만 채굴되었다고 한다. 가장 거대한 오벨리스크를 세우려 했던 여성 파라오 하셉수트의 명으로 제작되던 중, 쩍! 하고 갈라지는 바람에 끝내 완성되지 못했다. 이후 그저 거대한 돌덩이로 3400여 년을 누운 채 시간을 견뎌냈다. 그 돌덩이는 오랜 세월 동안 무슨 생각을 하고 있을까. 문명의 흐름을 고요히 지켜보며 존재 자체로 깊은 역사를 간직하고 있으니 시간은 단순히 흐르는 것이 아니라 스며들고 쌓이며 흔적을 남기는 것이리라.

밤이 되자 아이들 손을 잡고 호텔 주변을 어슬렁거리며 산책했다. 기념품 가게에서 상형문자가 새겨진 면 티셔츠를 선물용으로 여러 장 샀다. 비싸다는 걸 알면서도 흥정 없이 돈을 치루자 주인이 알아서 티셔츠 한 장을 더 얹어 주었다. 괜히 기분이 좋았다. 이곳 사람들이 무조건 바가지를 씌우는 건 아니었다.

람세스 2세의 거대한 석상을 볼 수 있는 누비아 지방의 아부심벨에 가지 못한 아쉬움을 뒤로하고 다음 날, 아침 일찍 카이로행 비행기에 올랐다.

카이로에 도착하자마자 국립박물관을 먼저 찾았다. 양팔에 조잡한 파피루스를 주렁주렁 걸고 다가오는 상인들을 외면한 채 1층으로 들어서니 람세스 2세와 사랑의 여신 하토르의 거대한 석상이 정면에서 우리를 맞이했다.

'선사시대부터 로마 시대까지 유물이 수십만 점에 이른다'는 소문 그대로 박물관은 유물로 가득했다. 양옆에서 굳건히 박물관을 지키는 듯한 기자 피라미드 왕들의 석상, 손가락을 빠는 어린 람세스를 감싸고 선 태양신 호루스, 매의 머리를 한 그의 형상이 유난히 강렬하게 다가왔다.

고대 3대 미인 중 한 명으로 꼽히는 네페르티티의 두상과 머리 윗부분이 잘려 나간 하트셉수트의 조각상은 파괴된 권위의 상징처럼 보였다. 두 사람 모두 눈이 크고 이목구비가 뚜렷한 아름다운 얼굴이다. 파라오였던 하트셉수트에게는 여러 이름이 있는데, 네테르트(신성한 모습을 지닌 여인), 우세레트(창조의 권능자), 제트 렌푸트(해마다 녹음을 일구는 여인) 등이 그것이다.

미라를 만들 때 장기를 보관했던 카노푸스 단지들도 보였다. 돌로 만든 단지들은 사후 세계에서 필요하다고 여겨진 위, 창자, 폐, 간을 각각 보관하기 위한 것으로 단지의 뚜껑은 자칼, 매, 사람, 개코원숭이 모양을 하고 있었다. 심장을 보관하는 항아리가 없는 이유는 고대 이집트인들이 죽은 자의 영혼이 심장에 깃든다고 믿어 그대로 두었기 때문이라고 한다.

이집트를 유일신 신앙으로 바꾸려 했던 투탕카멘의 아버지, 아케나텐 왕의 석관 앞에도 많은 사람들이 모여 있었다. 석관에는 태양에서 퍼지는 햇살과 손이 새겨진 독특한 문양이 사람들의 시선을 끌었다.

2층은 온통 투탕카멘의 유물로 가득했다. 다리가 아프다며 칭얼대던 아이들도 황금마스크와 황금 마차를 보자마자 신이 났다. 황금의자에 장식된 그림이 아름다웠다. 투탕카멘은 왕좌에 앉아 있고 그의 아내 안크에세나멘은 다정하게 그의 어깨에 손을 얹으며 그를 바라보고 있다. 두 사람은 금빛 배경 속에서 사랑스럽고 친밀한 분위기다. 위쪽에는 태양신 아텐의 원반에서 나오는 햇살이 내려오고 이 햇살 끝에는 '생명의 상징(앙크)'이 달려 있어 왕과 왕비에게 생명을 부여하는 모습이다. 이는 그들이 신의 축복을 받는 존재임을 암시하고 있다.

  침대, 향수, 항아리 등 엄청난 양의 유물이 전시되어 있었는데 그중에서도 세계에서 가장 유명한 고고학 유물인 황금마스크는 10킬로그램이 넘는 순금으로 만들어졌다고 한다. 미라를 넣었던 세 개의 황금관은 삼중으로 겹친 구조였으며 가장 안쪽의 관은 무려 110킬로그램 순금으로 제작되었다. 3300여 년 전 소년 왕의 무덤에서 꺼낸 이 금빛 찬란한 유물들은 고단한 여행자의 눈을 단숨에 사로잡았다.

  카이로에서 서쪽으로 20킬로미터 떨어진 기자의 피라미드를 향할 때 가슴이 두근거렸다. 세계 7대 불가사의 중에서도 단연 첫째로 꼽히는 이 삼각형의 거대한 묘는 4500년 전 사막에서 이루어진 대규모 토목공사의 신비를 간직한 채 우리 앞에 모습을 드러냈다.

  호객행위 하는 낙타꾼들에게 걸려든 줄도 모르고 우리는 아이를 품에 안은 채 낙타에 올랐다. 구불구불한 작은 언덕을 오를 때는 마치 귀족 행차라도 하는 듯한 기분이 들었다. 사후 세계를 믿었던 고대 이집트인들은 강력한 전제왕권 아래 살았지만 피라미드를 파라오의 노예로서가 아니라 종교적 의무로서 건설했다고 한다.

쿠프왕, 카프라왕, 멘카우라왕의 피라미드 중 가장 규모가 큰 것은 쿠프왕의 피라미드이다. 평균 2.5톤짜리 돌을 230만 개나 쌓아 올려 높이가 무려 147미터에 이른다. 오랜 세월을 견뎌온 거친 돌을 직접 만져보고 그 위에 앉아 보기도 했다. 낙타를 타고 멋진 포즈로 사진도 찍었다. 그 순간 나는 그 거대한 건축물 앞에서 작은 존재임을 깨닫고 과거와 현재가 하나로 이어지는 신비로운 경험을 했다.

조금 떨어진 곳에는 피라미드를 짓다 숨진 노동자들의 작은 돌무덤들이 황량하게 남아 있었다. 파라오와 태양을 찬양하며 이집트 사람들은 대를 이어 돌을 운반했었나 보다.

피라미드는 약 10만 명의 인부가 3개월씩 교대하며 20년에 걸쳐 완성했다고 한다. 수천 년이 지난 지금까지도 이 거대한 석조물이 무너지지 않고 우뚝 서 있다는 사실이 경이로웠다. 그것은 오랜 시간 공들인 인간의 피땀이 빚어낸 결과이기에 위대하다.

낙타를 타고 피라미드를 떠날 때 뭔가 허전한 기분이 들어 자꾸 뒤를 돌아보았다. 그런데 아뿔싸! 멀리서 스핑크스가 보이는 것이 아닌가! 뒤쪽에서 은밀히 영업하는 낙타꾼의 상술에 말려 정문으로 들어가지 못한 탓에 그 유명한 스핑크스를 가까이서 보지도 못한 채 떠나야 하다니! 다시 오기도 어려운 곳인데…. 가슴 한구석에 아쉬움이 깊이 박혀 발걸음이 쉽게 떨어지지 않았다. 하지만 배고프다며 칭얼대는 아이들과 다시 돌아가기엔 시간이 너무 부족했다. 결국 배경으로 사진 한 장만 남기고 발길을 돌릴 수밖에 없었다. 반인반수의 신비로운 얼굴에 정말 코가 부서져 있는지 영국군이 턱수염을 잘라 대영박물관에 가져갔다는 이야기를 떠올리며 그 흔적을 직접 확인하고 싶었지만, 나는 허탈하게 스핑크스를 등지고 떠나야 했다.

"스핑크스야, 다음엔 꼭 정문으로 가서 부서진 네 코를 만져주고 올게. 기다려!"

카펫 스쿨에 가서 여인들이 직접 무늬를 짜는 모습을 보았다. 피라미드 근처에 있는 평범한 가정집 같은 그곳은 1층에서 카펫을 짜고 있었고 2층은 전시장이었다. 파피루스 제조 과정도 구경했는데 진짜 파피루스는 손으로 아무리 비벼도 부서지지 않는다는 사실을 알게 되었다. 우리가 산 것이 진짜인지 실험해 보려 했지만, 망가질까 봐 쉽게 시도할 수 없었다.

택시 기사는 친절한 안내를 하는 척하면서 자꾸 선물 가게에 차를 세웠다. 비싸지 않은 좋은 물건이 있다며 우리 등을 떠밀었고 결국 못 이기는 척 기념 접시 몇 개와 선물용 보석함도 샀다. 팁도 후하게 줬더니 서비스가 만점이었다. 여행을 마무리하면서 아쉬움을 따뜻한 대화로 풀고 유쾌한 기분을 가지려 했다. 나그네는 긴 여행에 지쳐 이제 순한 양이 된 셈이었다.

신과 인간의 경계를 넘나드는 이집트 기행을 마친다. 룩소르, 아스완, 카이로에서 만난 유산들은 단순한 유물이 아니었다. 그것들은 시간과 공간을 넘어 여전히 살아 숨 쉬는 듯한 감동을 주었다. 산 자와 죽은 자가 공존하는 이집트, 신전에서 무덤까지 이어지는 길은 때로는 찬란했고 때로는 음산했다. 그러나 그 모든 것이 인간의 욕망과 영혼을 오롯이 담아내고 있었기에 어떤 여행보다도 의미심장했다.

그 바다는
울고 있겠지

                     2011년 2월, '리비아가 핏빛으로 물들었다'는 뉴스가 연일 보도되었다. 동부 도시 벵가지에서 열린 '분노의 날' 행사가 민주화 시위로 번지면서 시위대와 경찰이 충돌했고 수십 명의 사상자가 발생했다. 10여 년 전, 우리 가족이 처음 해외 생활을 시작했던 리비아가 이런 비극적인 소식으로 세간에 오르내리니 우리가 살았던 트리폴리와 레가타는 무사한지 걱정이 앞섰다.

  카다피의 유혈 진압은 곧 내전의 불씨가 되어 리비아 전역으로 번지기 시작했다. 남편이 자주 출장 갔던 벵가지, 미수라타, 시르테, 토부룩 등 익숙한 도시들이 뉴스에 계속 오르내리니 안타깝고 답답했다.

  리비아 내전은 바로 한 달 전 튀니지에서 일어난 '재스민 혁명', 즉 '아랍의 봄'이 도화선이 되었다. 튀니지의 스물여섯 살 모하메드 부아지지는 어렵게 등록금을 마련해 대학을 졸업했으나 취업에 실패해 청과물 노점을 했다. 그러나 부패한 경찰의 단속에 걸려 생존권마저 위협받자 그는 분신자살로 항의했다. 이 사건을 계기로 민중들은 거리로 나왔고 24년간 이어진 독재 정권이 결국 무너졌다. 튀니지 민중들의 저항은 페이스북을 통해 빠르게 전 아랍으로 확산되었다. 이집트의 무바라크 정권은 18일 만에 붕괴했고 그 여파는 바로 들불처럼 리비아로 번지자 중동 전역에 민주화의 바람이 초스피드로 이어지면서 세상을 놀라게 했다.

트리폴리의 민주화 시위가 격렬해지며 폭력과 약탈이 만연하자 외국인들의 집단 탈출이 이어졌다. 우리 정부는 항공기와 여객선을 보내 1400여 명의 교민과 건설근로자 들을 모두 철수시켰다. 남편이 근무하는 현대건설도 전력을 다해 내전 발생 2주일 만에 외국인 근로자들까지 신속히 대피시켰다. 카다피는 오일 머니로 북아프리카 유목민 투아레그족 용병까지 투입하여 강경 대응에 나섰다. 계약금 1만 달러, 일당 1000달러짜리 용병들이 정규군의 이탈을 메우며 내전을 장기전으로 끌고 가자 국제사회는 민간인을 보호하기 위한 군사개입을 주장하며 비난의 소리를 높였다.

리비아에서의 기억들은 흐릿해진 부분도 있지만 아름답던 지중해의 물결과 타오르듯 뜨거운 태양의 열기는 여전히 선명하다. 우리가 처음 도착했을 때 트리폴리 시내 건물 곳곳에 '24'라고 쓴 숫자판이 24시간 영업한다는 뜻인 줄 알았는데 그것이 곧 카다피 집권 24년을 기념하는 표식이었다. 어쩐지 상가나 식당이 거의 보이지 않아 의아했었다.

교민들로부터 '카다피'라고 이름을 함부로 부르지 말고 '카선생'이라고 조심스럽게 불러야 한다는 충고를 받았다. 따라나선 리비아가 사회주의 인민 아랍국가임을 실감하는 순간이었다. 바닷가 어시장에서 어눌한 발음으로 "오징어!", "우럭!"을 외치던 순박한 리비아 아저씨들, 따끈한 바게트를 사기 위해 현지인들 틈에서 길게 줄을 섰던 갈가르시 시내의 작은 빵집. 물 통 같은 드럼통에 올리브 기름을 담아 길에서 팔던 소년들과 한여름에도 상점 천장에 주렁주렁 매달려 있던 양고기를 사다 구워 먹던 기억이 어제 일처럼 생생하다. 그리고 속이 빨간색이던 카다피 오렌지, 우리 집 앞 무궁화꽃과 닮은 붉은 꽃들, 한겨울 폭우에 가지가 부러졌던 정원의 큰 나무까지 선명하게 떠오른다.

남편 사무실에서 태극기 옆에 초록색 바탕만 있는 액자를 보고 처음엔 빈 액자인 줄 알았는데 그 액자가 리비아 국기라는 것을 알고 민망했던 기억도 떠오른다. 한때 이집트와 리비아는 같은 국기를 사용했지만 정치적 문제로 초록색 단색 국기를 채택했다고 한다. 초록이 이슬람에서 신성한 색임을 그때 처음 알았다.

리비아에서는 교육이 무상이었기에 많은 여성들이 대학까지 다녔다. 교사나 간호사, 공무원으로 일하는 이들도 제법 있었지만 대체로 사회 활동은 제한되었고 전통적인 규범은 여전히 여성들의 삶을 조심스럽게 가두고 있었다. 중산층 이상의 가정에서는 집안일은 모로코나 튀니지에서 온 가사도우미들이 도맡았고 가족 곁을 지키는 전통적인 주부 역할에 머무는 경우가 많았다. 당시 내가 만났던 그들의 눈빛에는 어딘지 모를 평온함과 동시에 닿지 못한 바깥세상에 대한 조심스러운 갈망이 엿보이기도 했다.

당시 우리 주변에도 모로코나 튀니지에서 온 가사도우미들이 많았다. 머리에 히잡을 쓰고 검은색 긴 바바리를 입은 모로코 아줌마들이 집집마다 출장을 다니며 청소와 베이비시터 일을 했다. 하비바, 자흐라, 제인…. 마음씨 곱던 그녀들은 지금쯤 고향에서 잘 살고 있을까? 영어를 할 줄 알아 시급이 더 높았던 가나 출신 도우미 제인은 아이들을 유난히 좋아하던 그 모습 그대로일까. 가끔은 한국을 떠올리고 있을지 궁금해진다.

약 8개월간 지속된 내전은 카다피의 사망으로 끝이 났다. 리비아 혁명은 성공했으나 큰 피해를 입은 리비아는 새 임시정부가 트리폴리와 토브룩 정부로 분할되면서 혼란을 겪었다.

리비아는 10년간의 무정부 상태 끝에 2021년 임시 통합 정부를 출범시켰다. 국기는 옛 리비아 왕국의 삼색기에 흰색 초승달과 별을 추가한 디자인으로 변경되었고 국민들에게 새로운 시작의 희망을 안겨주었다. 경제제재 속에서도 석유 수출 덕분에 경제 성장률은 회복세를 보였지만 국민들이 겪은 엄청난 희생과 고통은 쉽게 치유되지 못한 채 남아 있다.

리비아 대수로 공사도 4단계 시작 직후 내전으로 중단되었다. 가다메스 근처에서 튀니지 국경으로 급수하는 마지막 꿈은 이루지 못한 점이 아쉽다.

리비아에서의 시간은 나에게 너무나 특별했다. 그들의 따뜻한 미소와 그곳에서의 추억은 여전히 내게 큰 선물이다.

해 질 무렵, 오색 빛 바다로 달려가 아이들 손을 잡고 저녁노을을 보았던 기억은 가장 아름다운 추억으로 남아 있다. 이국의 향수를 달래주던 붉은 노을, 이방인의 푸념을 받아주며 눈부시게 푸르던 그 바다, 지금 그 바다는 울고 있겠지. 피 흘린 역사 속 상처를 안고 이념과 사상이 없던 먼 옛날의 평화를 그리워하고 있는지도 모르겠다.

이제 부디 평화의 꽃이 리비아 전역에 피어나기를 기원한다. 그들이 더 나은 미래를 맞이할 수 있기를, 푸른 바다는 더 이상 통곡하지 않기를 간절히 기도한다.

해설

달, 음악, 그리고 행복한 장미
- 오정주 수필집 『달을 향한 사다리』에 부치는 글 -

임헌영(문학평론가)

1. 실용주의적 비평 기질의 창작가

수필가이자 문학평론가인 오정주와의 오랜 세월에 덧쌓인 인연의 화두는 노마드의 인생론처럼 변화무상한 데다 무대의 전환도 빠르고 그 사연 또한 다채로워 만화경을 보듯 시청각을 집중시킨다. 언제 어디서 누구와 어울리는 자리에서든 담론의 주도권을 잡고는 동석자들을 즐겁게 할 행복한 장미를 꽃 피게 만드는 영혼의 휴식처인 정원사 역을 자임하는 오정주 작가. 사계절 언제나 장미가 만발한 정원에 들어선 것처럼, 아늑한 아열대성 기후처럼 안락한 작품들. 그 소담스러운 정원에서는 우아한 고전부터 쌈빡한 팝송이나 영화음악 혹은 유행가도 마다하지 않는 음악이 언제나 흐르고, 하늘에는 처량한 초승달이나, 차면 기울어 갈 보름달이 아닌 언제나 더 채워지기를 바라는, 그러나 그 모습 그대로도 지극히 평온하고 안정감을 주는 반달이 떠 있다.

  오 작가와의 인연이 맺어진 곳은 천호동 현대백화점에서 내가 '수필 생활글 창작'이란 강좌를 할 때였다. 내가 첫발을 내디딘 게 1996년이었지만 오정주 작가는 이보다 조금 뒤에 등장했다. 필시 1993년에 부군의 근무지였던 리비아에서의 첫 노마드살이를 떠났다가 모국으로 돌아왔을 무렵일 것이다. 붉은 융단을 깔진 않았지만 오 작가는 강의실에 들어설 때부터 묘한 후광을 두른 듯 시선을 끌었다.

  유독 주목을 받은 건 창작 합평 때였다. 이미 등단한 선배 작가들도 적잖았지만 오 작가의 거침없는 작품 분석과 평가는 너무나 적확해서 내가 하고자 하는 결론을 대변해 주는 듯했다. 원로 수필가들의 창작 강의가 여기저기서 성황을 이루었던 게 당시 한국 수필계의 동향이었기에 수필가가 아닌 비평가였던 나는 처음부터 좀 색다른 창작강좌를 시도하고자 실용주의적인 비평방법론을 활용했다. 한 작품을 종합적으로 평가하는 방법으로 (1)주제는 무엇인가, (2)그 주제에 걸맞는 소재를 썼느냐, (3)구성은 흥미있게 기승전결로 잘 되어 있느냐, (4)문장은 우선 문법적으로 맞느냐, 그리고 수사력은 어느 정도인가, (5)그 외에 각 작품에 따라 지적해야 될 문제점 부각 등을 기준으로 삼았다.

이런 기준에 따라 창작방법도 그대로 하도록 단련시키는 게 내 강의 비법으로 30여 년간 이 황금법칙에는 변화가 없다. 이토록 반복하는 내 강의를 수십 년간 들어온 분들도 이 철칙을 어기고 합평할 때면 생뚱맞은 잡담을 늘어놓기 십상이다.

그런데 오정주 작가는 입문한 지 불과 몇 주 만에 내 합평의 공식을 숙지하여 그대로 다른 작가들의 글을 합평하는데 척척 적용하여 모두로부터 찬사를 받았다. 수필창작 역시 이 황금률에 따라 썼기에 제출하는 작품마다 호평을 받아서 이만하면 능히 수필가로 등단할 실력이 된다고 판단할 무렵에 부군의 근무지인 하노이로 훌쩍 떠나버렸다. 그게 2001년 1월이었는데, 등단하자마자 바로 떠나버린 게 너무나 아쉬워 하노이의 노마드 생활에도 구애받지 말고 계속 글쓰기를 종용했다. 하노이 통신원처럼 현지 소식을 작품으로도 써 보내서 모국 회원들의 뇌리에서 잊혀지지 않도록 하기를 오 작가 자신도 즐겼다. 귀국할 때마다 문우들을 찾던 그녀가 언제 귀국했는지는 정확히 모르겠으나 그리 오래지 않아 쿠웨이트로 떠난 건 2012년이었다.

나는 2013년 박근혜 정권(2013.2.25~2017.3.10)이 들어서면서 현대백화점 서울 시내의 각종 분점(압구정 본점, 무역센터점, 목동점, 천호점, 미아점, 일산점)에서 해오던 모든 강좌를 그만두게 되었다. 각 지점마다 약간의 시차는 있지만 천호점은 2014년 6

월 말에 종강했다.

　이렇게 나는 현대문화센터에서의 강의는 다 그만 뒀으나 분당의 AK플라자(2011~2016)와 용산의 아이파크 문화센터(2013~2016)에서는 그대로 강좌를 계속하다가 다 그만 두고, 2016년부터 종로의 월간『한국산문』강의실에서 내 전공인 문학평론을 살려 '평론반' 강좌를 개설했다. 노년을 맞아 인문학적인 빈혈증에 걸린 문학인들에게 인문사회과학적인 교양 강의와 함께 수필창작 합평도 겸하겠다는 취지로, 내 나름으로는 한국 문단에 대한 사명감도 가진 결단이었다. 이 강좌는 2017년 오정주 작가가 반장을 맡으면서 2025년 현재 햇수로 10여 년간 장기집권을 하고 있지만 누구도 불만이 없을 정도가 아니라 마술사처럼 손바닥만 펴면 언제나 행복하시죠? 라며 미소를 떠올리는 만개한 장미가 나오는 역을 척척 해내고 있다. 그냥 장미만 피우는 게 아니라 모임의 목적이나 참석자들의 주체와 장소, 계절과 분위기에 걸맞게 멘트를 날리는 스피치 또한 일품이다.

　멘트는 때와 모임의 성격에 따라 변화무상하지만 서두는 "평론반의 영원한 반장 오정주입니다"이고, 이에 참석자들은 바로 "역시 오 반장이야!"라는 추임새가 연발한다. '영원한'이란 멘트건만 누구도 그걸 장기집권을 위한 비상계엄이나 혹시 '반장'을 꿈꾸는 야심가들의 진출을 차단시키려는 포고령으로 받아들이는 회원은 전혀 없다. 이런 걸어 다니는 앤돌핀 제조기 덕분에 강의에는 시큰둥하던 회원들까지도 번개팅에는 등장하여 오 반장과 궁합을 맞춰가며 분위기를 고조시키는 조연역을 자진해서 수행하는 것 또한 평론반의 자랑거리다. 이럴 때면 나도 19세기 파리의 고답파 高踏派들이 담소를 즐겼던 고품격의 살롱에 앉은 듯이 늘그막에 제자 복은 타고난 듯이 우쭐해진다. 그야말로 가르치면서도 배우는 스승의 열반의 경지다.

월간 『한국산문』의 특집 담당인 기획부장이란 자긍심 강한 직책이 있는데도 굳이 오 작가가 '평론반의 오정주'란 자원봉사형 감투를 내세우는 건 권위주의나 감투욕이 아니라 자신의 인생관과 문학 예술관을 송두리째 드러낸 노마드적 삶의 양식에 다름 아니다. 한국의 '아줌마'란 세계적으로 널리 알려진 군집성 집단으로 그 파워가 기업인들에게는 신규 상품의 성패 여부를 판가름하는 리트머스 실험지 역부터 K-문화예술 강국을 창출하는 세대를 억척어멈의 교육열로 양성시켜 낸 주체들이기도 하다. 어디 거기에 그치랴. 오 작가의 작품을 읽노라면 한국 건설업계가 중동지역 진출에 커다란 이정표를 세운 부군의 역할도 따지고 보면 '억척 어멈'으로서의 '한국 아줌마'의 내조가 컸음을 절감케 한다.

그녀들의 집체성이야말로 유구한 우리 민족사의 한국문화예술이 지닌 가장 핵심으로 꼽았던 정情과 한恨의 정서라는 번데기로부터 벗어나 세계화를 지향하는 나래를 활짝 펴고 공활한 허공을 유영하는 노마드의 정서로 변모시키는 원동력에 다름 아니다.

통칭 '한국 아줌마'란 사회학적으로는 중년 여성으로 보면서 통상적으로는 38~59세로 규정했지만 고령화 사회로 진입한 오늘의 한국에서는 45~79세 사이로 수정해야 된다는 것이 내 지론이다. 굳이 45세를 분수령으로 삼은 까닭은 미당의 시에서 발상한 것이다.

> 마흔 다섯은/ 귀신이 와 서는 것이/ 보이는 나이.// 참대밭 같이/
> 참대 밭 같이// 겨울 마늘 낼/ 풍기며,/ 처녀 귀신들이/
> 돌아 와 서는 것이/ 보이는 나이.//
> 귀신을 기를만큼 지긋치는 못해도/ 처녀 귀신 허고/
> 상면相面은 되는 나이.
>
> – 서정주 「마흔 다섯」

그러니 마흔넷까지의 여성은 미즈Ms이고, 그 이후라야 공자孔子 어른께서 규정한 '아녀자'의 범주를 넘어선 것으로 '한국 아줌마'의 자격증을 취득한다는 뜻이다. 이런 한국 아줌마들의 집체성의 노마드 정서를 산문으로 형상화 시켜준 전위대의 한 용사가 바로 오정주 수필문학의 근간을 이루고 있다.

2. 대청댐에 출렁거리는 실향민의 향수

충청북도 청원군 문의면文義面 출신인 오정주가 실향민이라면 지인들이 다 의아해질 테지만 작가 자신이 "남편 직장을 따라 여러 나라(리비아, 하노이, 쿠웨이트)를 떠돌며 노마드처럼 살았다."라고 스스로 노마드 인생임을 거론하면서 이렇게 그 적적함을 달랜다.

> 어느 밤 향수에 젖어 쇼팽의 야상곡을 들으며 창밖의 달을 올려다보니 리비아에서 보던 그 달이 하노이에도 쿠웨이트에서도 똑같이 떠 있었다. 장소만 다를 뿐 결국 삶은 어디서나 비슷했다. 달빛 아래서 우리는 같은 음악을 들으며 저마다의 밤을 지나고 있었다.

-「작가의 말 – 단지 장미가 있을 뿐이다」

행여나 파블로 데 사라사테의 『지고이네르바이젠』 중 「집시의 달」을 떠올리는 처량한 처지의 여성 이방인인 에트랑제르(étrangère, étranger의 여성형)라는 선입견을 부각시킬 수도 있지만 그것과는 확연히 다른 노마드 인생이다. 피에르펠릭스 가타리와 자크 아탈리, 그리고 질 들뢰즈 같은 해박한 잡식성 석학들이 창출해 낸 노마드(Nomade, wandering)시대란 온 인류가 '도시 유목민'화 되어버린 사회구조 속에서 살아가면서 '고향'의 개념이 표백화되어버린 처지라고 한다. 우리 시단에서도 향수를 읊은 작품을 보기가 드물어진 지 오래인 걸 보면 현대인의 정서가 노마드임을 부인하기는 어렵다.

그래서 저 에덴동산으로부터 추방당한 모든 인간을 신에게서 버림받은 실향민 처지로 고독한 존재라는 기독교인의 고리타분한 수식어나, 짜라투스트라의 고뇌, "오, 고독이여! 그대 나의 고향인 고독이여!(O Einsamkeit! Du meine Heimat Einsamkeit!)"와 같은 대목(사순옥 옮김, 『짜라투스트라는 이렇게 말했다』, 제3부 「귀향」 첫 구절)은 한낱 고전적인 지식인의 회중시계에 지나지 않는다.

한국 아줌마의 집단적 지혜의 상징인 오정주 작가는 이런 노마드의 처지, 에트랑제르의 상황 속에서도 이렇게 발상한다.

> 새로운 세상을 마주할 때마다 미지의 세계로
> 한 걸음 내딛는 짜릿한 즐거움이 있었다.
> 그 모든 풍경을 글로 담고 싶었다.
> 언어로는 도저히 표현할 수 없는 외로운 순간들도 있었다.
> 그럴 때면 음악을 들으며 감정에 색을 입히고
> 내면의 고요 속에서 조용한 위로를 찾았다.
> 거창한 목적도 눈부신 성취도 바라지 않은 채
> 그저 마음속 생각들을 담담히 써 내려갔다.
>
> – 「작가의 말 – 단지 장미가 있을 뿐이다」

어딜 가든 처절한 고독보다는 '짜릿한 즐거움'을 찾을 줄 아는 한국 아줌마의 인생살이가 바로 21세기형 노마드 인생론이자 문학 예술론이다. 노마드 시대의 사람들은 고향 정착형 정서에 뿌리내려 '집 나가면 고생'이 아니라 오히려 호강이라서 언제나 가벼움으로 무장한다. 지구촌 어딜 가든 다 현지 조달로 자유롭게 살아갈 수 있기 때문이다. 그들은 언제 어디서 어떤 인종이나 신앙, 국적을 가졌든 가리지 않고 환대하는 예절을 갖췄으면서도 경계심을 잃지 않으며 지구 어딜 가나 온갖 매체로 접속할 줄 알며, 그래서 근본적으로는 박애주의적인 평화를 지향한다.

그렇다고 노마드 사회란 인류 전체가 낙원처럼 살아갈 처지는 아니다. 정치 경제적으로 안정된 사회란 마름모꼴형 계급구조로 상류층과 하류층은 마름모꼴의 위와 아랫부분처럼 소수이고 중산층이 중간부분을 이뤄 압도적인 다수를 형성하는 걸 자본주의적인 안정사회라고 한다. 그러나 21세기형 노마드 사회란 정삼각형으로 변모하여 상류층은 윗부분처럼 극소수로 한 나라의 재산의 상당부분을 독점한 채 그들만의 특권을 향유하는 초법적인 삶을 영유한다. 정삼각형의 중간 부분은 그 밑에서 자신의 능력과 기술과 노동으로 넉넉히 살아가는 처지이며 그 숫자는 그리 많지 않다. 세모꼴의 아래 부분에 해당하는 상대적인 빈곤층은 엄청난 숫자로 생존권을 다퉈야 하는 처지로 전락한다. 그래서 부익부 빈익

빈의 사회구조로 자본주의 체제의 불공정과 불합리성에다 비인도주의적인 요소가 그대로 노출되는 게 노마드 형 사회구조다. 윗부분의 소수 특권층은 '상층 노마드'로 1년의 3분의 2 정도의 기간을 외국에서 지내는 초호화 노마드 팔자이고, 중간 부분은 중층 노마드로 자신의 능력과 노동 덕분에 집을 떠나 노마드로 살아가는 처지이다. 그러나 그 아래의 하층 노마드들은 해외에 나가고 싶어도 특정한 기능이나 능력이 부족해서 떠날 처지가 못 되기에 집안에서 가고 싶은 나라의 지도를 펴놓고 상상으로나 떠나보는 '상상의 노마드'로 살아가는 처지이다.

  오정주 작가가 미지의 세계에서 짜릿한 즐거움을 느낀다거나, 집시의 달이 아닌 "나 자신에게 다가가는 길을 멀리서 찾아" 헤매면서, '달을 향한 사다리'를 쌓아 올리는 "내면의 여정"을 찾는 글쓰기, "좀 더 나 자신과 정면으로 마주"하려는 문학정신, "이제 더 이상 무엇을 증명하려 애쓰기보다 존재 그대로를 고요히 사랑"하며, "창가에 피어난 한 송이 장미처럼"(「작가의 말 – 단지 장미가 있을 뿐이다」) 살아가는 정서는 바로 이런 '중층 노마드'로 한국 중산층 아줌마의 한 전형을 보여준다.

  그런데 이 작가는 노마드가 되기 이전에 왜 실향민 의식을 가지게 되었을까.

  오정주 작가의 고향 "청원군 문의면 상장리 삼리 253번지와 61

회로 졸업한 문의초등학교, 5일장이 서던 문의 장터는 대청호의 심연에 잠들고 말았다." 이곳은 "사방의 정기는 영명하다. 장차 문文과 의義가 크게 일어나 숭상될 것이다. 육로와 수로가 사통팔달했으니 부락과 인물이 번성하리라. 그러나 어이하랴. 향후 천년 뒤의 운세가 물밑에 잠겼음을. 그때 이르러 새 터전을 마련케 되리라."라고 고려 초기 일륜선사가 예언을 했다는 명승지였다.(「천년 전 예언의 섬, 문의마을」)

작가의 마을이 자랑할 만한 인물로 4선 국회의원과 정무장관을 지낸 정치인 신경식(辛卿植, 1938~)이 있다. 그는 회고록 『7부 능선엔 적이 없다』(2008)에서 신동문(辛東門, 1927~1993) 시인을 언급한다. 1960년대 한국 참여시의 선두주자였던 시인은 나도 존경해마지 않았을 뿐만 아니라 여러 번 뵈었던 선배 문인이라 새삼스럽게 아, 오 작가가 바로 이 시인과 동향이라니! 40여 호에 2백여 명이 살았다는 신동문 시인의 고향은 문의면 산덕리로 수양버들이 많다고 수양개 마을로 호칭했다고 김판수는 『시인 신동문 평전』에서 썼는데, 어쨌건 문의면 문화권으로 묶어서 이해할 수 있겠다. 차제에 내가 워낙 좋아했던 신동문 시인의 작품 중 멋진 시 한 편을 소개하고 싶다.

아아 난 취했다/ 명동에서 취했다/ 종로에서 취했다/
취했다 아아 그러나/ 이런 것이 아니다/
세상은 참말로 이런 것이 아니다/ 사상? 모르겠다/
그러나 세상은 이런 것이 아니다/ 철학? 모르겠다/
그러나 세상은 이런 것이 아니다/ 아니다/ 아니다/ 아메리카도 NO/
소비에트도 니에트/ 닛뽕 そうでない/ 인도 말은 모르지만/
그런 것이 아니다/ 한국, 한국은 참말로/ 그런 것이 아니다/ 더구나/
나, 나는 이런 것이 아니다/ 사랑!/ 이런 것이 아니다/ 생활!/
이런 것이 아니다/ 오늘!/ 이런 것이 아니다/ 명동, 명동에서/
나는 취했다/ 그러나 명동도/ 이런 것이 아니다/ 세계의 명동/
세계의 종로/ 아아 그런 것은 없는가/ 세계의 명동에서/
나는 주정이 하고 싶다/ 이런 것이 아니다/ 이런 것이 아니다/ 쇼팽/
베토벤/ 혹은 카프카, 샤르트르/ 또 그 누구 누구/ 너희들 다/
그런 것이 아니다/ 싼 술 몇 잔의/ 주정 속에선/ 아니다 아니다의/
노래라도 하지만/ 맑은 생시의/ 속 깊은 슬픔은/ 어떻게 무엇으로/
어떻게 달래나 나는 취했다/ 명동에서 취했다/ 종로에서 취했다/
나는/ 나는/ 이런 것이 아니다.

— 신동문 「'아니다'의 주정酒酊」, 『자유문학』, (1962.6)

 누군들 자신의 처지와 존재를 탈 바꿔 쓰듯이 뒤엎고 싶지 않으랴. 더구나 막역한 동무들과 한자리하면서 알딸딸하게 취기가 오른다면, 그것도 노마드 처지의 먼 타향에서라면 더더욱 그럴 만도 하겠지. 어디 이런 심정내적心情內的인 달뜬 마음에서만이 아니라 저 음습하면서도 스산한 북풍이 몰아치듯 하는 기나긴 독재 치하라면 얼마나 뒤집어엎어 버리고 싶었으랴!

아, 그렇구나. 오정주 작가는 그 출생지 자체가 노마드적인 정서였겠구나 하는 걸 느낀다. "예언대로 많은 인물이 배출되고 교통의 중심지가 되었지만 1980년 대청댐 건설로 수몰"되고 만 실향민 의식에서 이 작가는 노마드 인생론으로 연계됨을 느끼게 해준다.(「천 년 전 예언의 섬, 문의마을」)

오정주 작가의 작품을 읽노라면, 문의마을에 가면, 대청호엘 가면 자신의 처지와 인간 존재론의 심연에서 「'아니다'의 주정酒酊」의 한 구절, "이런 것이 아니다/ 아니다/ 아니다"라거나, "나, 나는 이런 것이 아니다"라는 구절을 읊조리노라면 풍치와 밥맛과 술맛이 한결 격조가 높아질 것이다.

이 실향민 작가에게는 전설과 명승지로 널리 알려진 고향은 비록 대청호에 잠겨 버렸지만 거기에 얽힌 추억들은 오롯이 영글어 사춘기의 꿈처럼 떠오른다.

> 학교 앞 가겟방에서 1원에 일곱 개 하던 번데기 과자를 사 먹던 기억, 폐병에 걸렸다는 소문이 떠돌던 안당선 아저씨네 호떡집,
> 그리고 20원에 4권씩 빌렸던 만화책. 집으로 돌아가는 길,
> 숯거리 다리 위에서 어둑해질 때까지 푹 빠져 읽던 기억들이
> 강 오리의 물보라처럼 생생하게 튀어 오른다.
>
> -「사색의 거리에서」

결혼 전 잠시 몸담았던 "호수가 한눈에 들어오는 참 아름다운" 문의중학교 교사 시절의 추억도 달콤하다. "농사일을 돕느라 매일 지각하던 남학생이 '안 혼내서 고맙습니다'라고 쓴 삐뚠 글씨의 손편지, 나를 고급 한정식집에 초대하여 따뜻하게 환영해 준 가정 선생님"에 대한 옛 기억의 필름들이 슬로우 비디오로 스친다.

그러나 추억은 아름답다는 말도 거짓임을 일깨워주는 상처도 점철된다. "경찰 공무원이던 아버지가 세상을 일찍" 떠난 뒤 어머니가 "두 딸을 친정에 맡기고 밤늦도록 고단하게 일"을 하면서 호구지책을 했던 시절을 떠올리며 지금도 애간장을 태운다.

> 여름이면 친구들은 어디론가 일하러 가고,
> 나는 혼자 남아 신작로의 둥근 나무를 붙잡고 빙글빙글 돌며
> 시간을 보냈다. 친구 선희가 커다란 빨래통을 머리에 이고
> 냇가로 가면 그 뒤를 졸졸 따라가 물장난을 치곤 했다. 검은 보리쌀을
> 거친 돌함지박에 문질러 씻을 때도 옆에 찰싹 붙어 구경했다.
> 선희는 내 또래였지만 친구라기보다 언니였고 큰 어른처럼
> 느껴졌다. 고향이 물에 잠기지만 않았더라면 선희네 집까지
> 이어지던 그 골목길과 냇가를 한 번쯤 다시 걸어 볼 수 있었을 텐데….
>
> – 「사색의 거리에서」

다행히 고향을 회억하려고 대청댐 속으로 수영복 차림새로 풍덩 잠수하지 않아도 될 정도로 실향민을 위하여 문의 문화재 단지

를 조성하여 "물에 잠긴 옛 마을을 민속촌처럼 재현해 놓았고 작은 박물관도 자리"를 마련해 두었기에 작가는 편안한 나그네처럼 둘러볼 수 있다.

3. 인간 존재론의 탐색과 신앙관, 그리고 노마드 인생론

그러나 성장기의 추억은 이처럼 외부적인 추억의 파편들로만 삶의 나이테가 형성되지 않는다. 오정주 작가가 인간존재에 대해 첫 의문을 갖게 된 건 열 살 무렵이라고 한다.

> 집에 혼자 남겨졌을 때 불현듯 찾아왔다.
> 해 질 녘 벽에 걸린 시계 초침 소리가 유난히 크게 들렸고
> 문득 거울을 보니 낯선 얼굴이 나를 응시하고 있었다.
> 그때 '나는 누구지?'라는 질문과 함께 이상한 두려움이 몰려왔다.
> 어디선가 괴이한 소음이 들리는 듯했고 나는 여기에 있으면서도
> 동시에 내가 아닌 것 같은 묘한 기분에 휩싸였다.
> 아주 짧은 순간이었지만 오랜 시간이 흐른 지금도 그때 느꼈던
> 낯선 그 감정이 잊히지 않는 이유는 무엇일까.
>
> -「존재의 이유」

이 작품처럼 철학적 탐구의 3대 과제(존재론, 인식론, 가치론) 중 첫 번째인 존재론을 일상 생활 속에서 실용주의적 입장에서 파고든 문제작은 그리 흔치 않다. 작가의 존재론에 대한 접근 방법

과 인식의 관점을 시대순으로 정리해 보면 이렇게 된다.

거울에 비친 자신의 모습에서 자아 인식과 존재론에 대한 추구 자세는 유명한 이상의 시 「거울」부터 윤동주가 우물을 거울로 환치시킨 「자화상」 등등의 예에서처럼 당연히 그 인식 주체에 따라 다르기 마련이다. 오정주 작가의 '거울'이 지닌 특징은 홀로 있음으로서의 존재론적인 불안과 낯설음과 공포감이 뒤엉켜 있다는 점이다. 이 문제를 정신분석학적 비평으로 파고들어도 오정주 수필세계 탐구의 중요 과제가 됨직하지만 여기서는 수박 겉핥기식으로 이 작가가 성장하면서 존재론적 인식이 어떻게 변모했는가에만 초점을 맞춰 소개하겠다.

이 작품에 나타난 오 작가의 존재론적인 위상의 변화는 "원하던 대학 입시의 실패로 남은 상처는 내 스무 살을 우울하게 물들였다."라는 대목에서 찾을 수 있다. 우울이란 하이데거가 『존재와 시간』에서 부각시킨 로마 신화 쿠라에 다름 아니다. 우수의 여인은 쿠라는 냇가에서 시름에 잠겨 진흙으로 인간의 형상을 빚고 있는데, 신들의 왕 주피터가 지나가며 그게 뭐냐고 묻자 "주여, 진흙으로 만든 형상이로소이다. 부디 이 형상에 생명을 불어넣어 주소서."라고 애원했다. 이에 주피터는 그 청을 들어주면서 자신이 생명을 불어넣었으니 그 생명체는 자기 소유라고 우겼다. 당연히 쿠라는 자신이 형체를 만들었기에 자기 것이라고 우기면서 다툴 때

대지의 신 텔루스가 지나다가 그 사연을 듣고는 그 아이를 만든 재료는 대지의 흙이기에 진짜 소유권은 자신이라고 삼파전이 벌어졌다. 이때 심판관 사투른이 등장해서 공정하게 판결을 내렸다.

주피터는 생명을 내렸으니 그 아이가 죽은 뒤에는 그 영혼을 되찾아 가고, 자료 제공자 텔루스 역시 아이 사후에 그 재료인 대지 즉 흙을 되찾아 가거라. 그 아이를 만든 쿠라는 아이에게 목숨이 붙어 있을 때까지만 소유권을 준다면서, 다만, 그 아이는 무덤에 들어갈 때까지는 애미를 닮아 우수 즉 우울과 근심을 일생 동안 함께 해야 될 것이라고 했다.(임헌영 평론집 『한국현대문학사상사』, 한길사, 1988, 「실존주의와 1950년대 문학사상」, 72~73쪽)

바로 우울은 실존주의적 인간 존재론의 전위대 역할을 했던 사상이다. 키르케고르, 야스퍼스, 도스토옙스키, 셰스토프 등등 초기 실존주의가 경도했던 존재론의 축약이다.

그러니까 오정주 작가가 당면했던 대입 실패로 인한 우울도 쿠라의 우수에 속한다고 보면 대과는 없겠는데, 그때 이 작가에게 인생 심판관으로 사투른을 대신했던 작가의 어머니는 "호루겔 피아노를 사주며 (딸이) 집 떠나는 걸" 만류했다. 이에 작가는 그 피아노에 이어 다가올 미래를 이렇게 꿈꿨다.

든든한 남자를 만나 결혼하고 아이를 품에 안았을 때
비로소 방황이 끝났다고 믿었다. 어린 시절 막연히 꿈꾸던 행복과는 사
뭇 달랐지만 아이의 작은 손끝에서 따스하고도 단단한 삶의
의미가 전해졌다. 말로 다 설명할 수 없는 기쁨과 사랑이
내 안의 빈자리를 채워나갔다.
그러나, 삶은 여전히 묻는다. 정말 그것만으로 충분한가?
존재의 이유는 어디에 있는가?

- 「존재의 이유」

 희한하게도 오정주 작가는 실존주의의 변천사를 그대로 따라가며 존재론을 변형시켜 나간다. 이 작가가 만난 제3단계의 존재론은 바로 우수의 실존주의에 뒤이어 등장한 카뮈의 시지프스의 신화를 비롯해 사르트르의 혁명적 존재론으로 이어진다.
 노마드 인생살이 처지가 되어 "3만 피트의 공중으로 떠오를 때 지상의 불빛들이 비현실적으로 보였다. 내가 하늘을 밟고 서 있는 듯한 착각에 빠졌다. 안개 속처럼 몽롱한 기분이 들었다."라는 작가. "쿠웨이트에서 두바이 공항을 거쳐 12시간 만에 서울로 돌아왔을 때는 마치 별세계에서 현실로 급격히 추락한 듯한 아득함이 몰려왔다. 익숙했던 서울은 낯설었고 우리 집 거실은 납작해진 듯했으며 안방의 침대는 땅 밑으로 꺼질 듯 가라앉아 보였다. 익숙했던 공간에서조차 이방인이 된 것 같았다."

이런 상황에서 작가는 카뮈의 『이방인』의 뫼르소처럼 "자기 삶의 한복판에 있으면서도 그것을 전혀 자기 일처럼 느끼지 못하는 극단적인 고독과는 다르겠지만 냉장고를 멍하니 들여다보거나 커피 머신의 검은 액체가 무엇인지 한참 떠올리지 못한 적도 있었다. 한동안 주변 세계와 단절된 듯 불안을 느꼈다. 그것은 단순히 시차 적응의 문제였을까, 아니면 내가 내 자신을 잃어버린 순간이었을까." 이걸 작가는 "단순한 생리적 반응으로 설명할 수 없는 것이 있었다. 나는 단순히 공간을 이동한 것이 아니라 존재의 근본이 뒤흔들리는 듯한 감각에 사로잡혔다"라고 표현했다. 바로 카뮈의 부조리 인생론이다.

이런 카뮈의 부조리 인생론에서 한 걸음 더 나아가면서 작가는 사르트르를 조우한다.

"실존은 본질에 앞선다(l'existence précède l'essence, existence precedes essence)"라는 사르트르의 명제는 마르크스의 "사회적 존재가 의식을 결정한다"라는 대명제를 그대로 수용하면서 형성된 것이다. 인간이란 이성을 지닌 만물의 영장으로 생각(의식)하는 존재라고 우쭐댔던 관념주의 철학사상을 한 마디로 뒤엎어버린 마르크스의 이 존재론의 일대 혁명은 이제 누구도 부인할 수 없는 존재론의 기본이 된 지 오래인데, 이를 흔히들 사르트르의 주장을 통해 수용하고 있다. 이 난삽해 보이는 명제의 의미는 쉽게 말하면 인간의 의식이 존재를 결정한다는 관념론적인 주장을 뒤집은 것이다. 즉 사람들은 저마다의 처지, 신분, 재산 정도, 신앙, 직업, 환경에 따라 자신이 보다 살기에 좋은 방향으로 생각(의식)을 하게 된다는 것이다.

따라서 기독교인들(존재)은 그 윤리관과 세계관에 따라 의식이 정해지는 것이다. 당연히 여기서 실존주의는 유신론적 실존주의와 무신론적 실존주의로 갈라지는데, 오 작가는 사르트르를 선택함으로써 무신론적 실존주의적인 존재론에 따른다.

그러나 현명한 작가 오정주는 이런 고리타분한 철학적인 쟁점에 매몰당해 허우적거리지는 않는다. 작가의 존재론을 나는 오히려 가장 실용주의적인 입장에서 찾고 싶다. 인간의 존재가 뭐든 결국 이 지상에서 살아가는 과정임은 누구도 부인 못 할 것이며, 그러기에 인간의 존재론이란 실용주의적인 게 수필문학에는 딱 어울린다. 인간이란 무엇인가?

> 사람의 본질이란 것은 없다. 그가 어떤 책을 몇 권이나 읽었는가,
> 음식 가운데 어느 것을 좋아하는가, 그가 하는 짓이 무엇인가,
> 그가 가진 재산이 얼마나 되는가, 그의 키는 얼마인가,
> 그의 체중은 얼마인가, 그가 쓰는 술수는 어떤 것인가….
> 이런 것의 총화가 곧 그 사람이다….
>
> - 이병주 소설 『'그'를 버린 여인』, 書堂, 1990

이런 게 실존주의적인 존재론이 아닐까.

더 핵심을 찌르는 존재론적 평가방법은 사마천이 해준다. 그는 『사기』에서 위나라의 문후魏文侯가 당대의 현자인 이극李克에게 나라가 위태로운데 어떤 인물을 재상으로 뽑아야 하느냐고 물었고, 이에 이극은 인간의 존재론적인 평가 기준을 5가지라고 갈파했다.

    불우했을 때 어떤 사람과 친히 지냈는가.(居視其所亲)
    부유했을 때 누구에게 나누어 주었는가(富視其所与)
    높은 지위에 있을 때 어떤 사람을 등용했는가(达視其所举)
    궁지에 몰렸을 때 올바르지 못한 짓을 하지는 않았는가(窮視其所不为)
    가난했을 때 탐취(貪取)하지는 않았는가(貧視其所不取)

여기서 가장 중요한 항목은 사람에 따라 다르겠지만 4번째 항목일 것이다. 궁지에 처했을 때 자신만 생각하고 남에게 잘못을 뒤집어씌우는 걸 뜻하는 이 인간 평가법은 매우 중요하다.

이만하면 독자들은 오정주의 삶과 존재론적인 인식 자세, 특히 이런 실향민 의식에서 노마드 인생론을 거치며 형성된 과정을 유추할 수 있으리라고 본다.

4. 노마드적 인생론이 낳은 문학과 예술

실존주의적인 존재론의 인식체계를 실용적으로 적용하는 세계관을 가진 오정주 작가는 누가 봐도 현실적인 면에서 충만한 삶을 얼마든지 누릴 수 있는 존재인데, 왜 글을 쓸까. 자신은 이렇게 답한다.

> 왜 나는 글을 쓰는가? 어둑해진 사물들에게 물어본다.
> 벽시계의 분침이 흠칫 놀라 멈추는가 싶었는데
> 여전히 조용하게 원을 그리고 있다. 언제부턴가 나는 글을 쓰지 않고는
> 견딜 수 없어 책상 앞에서 서성였다. 시시한 일기라도 끄적여야
> 내면의 나를 안정시킬 수 있었고 존재에 대한 막연한 불안에서
> 잠시나마 벗어날 수 있었다.
> "내 기쁨과 슬픔을 위해서, 자기실현과 자아의 충일감을 위해서,
> 상처를 치유하고 고통에서 벗어나기 위해서, 나는 쓴다"라는
> 장석주의 말에 절절히 공감하였다.
> 조지 오웰은 글쓰기를 '고통스러운 병'에 비유했다. 헤밍웨이도
> 자신의 초고를 '걸레'라고 했다. 위대한 작가들조차 그러했다니
> 내 고뇌쯤이야 대수롭지 않다. 마음이 조금 가벼워진다.
>
> ―「사과를 한 입 깨물며」

수필가들이 이처럼 명징하게 자신의 글쓰기의 정곡을 파고 든 예는 흔치 않다.

초등학교 3학년 때 얼굴이 하얀 담임선생이 일기 검사를 하다가 '산문반'에 가보라고 권한 게 글쓰기의 첫걸음인 이 작가는 중학교 시절에는 상장 받는 재미에 빠져 시인의 꿈을 키웠고, 대학생 때

는 유명 문예지에 시를 응모했으나 낙방하면서 꿈을 접었으나, 결혼 후 노마드살이를 하면서도 신춘문예 당선 작품들을 읽고 가슴이 뛰었다. 그러나 결국은 "삶이 문학과 함께할 때 비로소 행복하다는 것을 깨달았다"는 오정주 작가.

걸작 「사과를 한 입 깨물며」는 멋진 수필 한 편을 통하여 자신의 창작 사상과, 명연주자인 영애의 난삽한 명곡 연습을 병치시켜 가며 우아한 미학적인 쌍곡선을 구도로 삼아 구성미까지 갖추고 있다. 필독을 권한다.

이 작품과 쌍벽을 이룬 게 「달을 향한 사다리-산타페의 조지아 오키프」이다.

"'꽃과 사막의 화가'로 불리는 조지아 오키프(Georgia O'Keeffe. 1887~1986)는 20세기 미국의 대표적이며 독보적인 화가"로 "꽃과 동물의 머리뼈, 사막, 산 등 자연을 확대한 도발적인 그림"으로 유명하다. 오 작가는 그녀를 찾아 산타페까지 세 절친과 동행, 기행체로 쓴 이 작품을 통해 이 화가의 삶과 예술 전반에 대한 탐색부터 이를 통한 오정주 작가 자신의 문학예술관, 그리고 끈끈한 오 작가의 우애까지 뒤엉킨 걸작의 하나다.

너무나 사연이 많아 이 글을 소개하기는 지면이 넘쳐 생략하지만 오 작가 자신이 수필집의 제목으로 삼은 「달을 향한 사다리」에 대한 대목은 밑줄을 쳐가며 읽어주기를 권한다.

사다리는 보이지 않는 날개라도 있는 듯 검은 산의 능선을 넘어
하염없이 달을 향해 날고 있었다. 꿈속인 듯 초현실적인 장면이지만 단
순하면서도 강렬한 구성은 내 안의 감정을 조용히 흔들어 놓았다. 문득
나 역시 그런 사다리를 마음속 어딘가에 품었던 것 같은
생각이 들었다. 희미한 기억 저편, 어쩌면 오래전에 잃어버린 꿈의 조각
을 찾아 그리움이 아득하게 밀려왔다.

– 「달을 향한 사다리」

아비키우의 오키프의 집 대문을 지나 "안뜰로 들어서자 그녀의
그림에서 자주 등장하는 검은 부엌문이 눈에 들어오고 마당 외벽
에 패더널 산을 배경으로 사다리가 하늘을 향해 놓여 있었다. 그
사다리는 내가 꼭 보고 싶었던 작품 「달을 향한 사다리」의 모델이
아닌가! 파란 하늘을 배경으로 황토벽에 기대선 그 사다리를 직접
만져보았다. 마치 오키프의 영혼과 열망이 손끝을 타고 전해지는
듯한 꿈같은 순간이었다."

오키프는 사다리를 인간과 우주, 현실과 영혼을 연결하는 매개체로 삼
아 이상을 향한 인간의 의지를 표현했다.
그 사다리는 인간의 욕망과 끊임없는 노력뿐만 아니라
자유를 추구하는 그녀의 소망을 담고 있었다. 오키프의 사다리는
뉴멕시코 인디언들이 믿었던 신성한 우주적 힘과
연결된 사다리와 닮았을 것이다. 인디언들은 사다리를 영혼을
하늘과 연결하는 중요한 매개물로 여겼다. "그림 속에 두겠다"는

말은 이제 모든 욕망을 내려놓고 자유롭고 싶다는
그녀의 진심 어린 고백이었을 것이다.

― 「달을 향한 사다리」

    위에서 거론한 두 명품 말고도 예술적인 향기가 흠씬 풍기는 작품으로는 「흔흔향영欣欣向榮」이 있다. '오류선생五柳先生'이란 별칭으로 유명한 세계적인 전원문학의 최고봉인 도연명이 "자연의 섭리를 따랐듯이 나도 마음을 비우고 수련하는 마음으로 부단히 연습해야겠다."라는 예술혼을 다듬은 글이다.

    오정주의 수필문학에서 빼어놓을 수 없는 건 음악을 다룬 걸작들이다. 명연주자인 영애의 연주 솜씨를 보너스로 감상할 수 있는 글인 「악마의 카프리스」를 비롯해 차이콥스키를 다룬 「찬란한 생의 광시곡, 『비창』」과 무소르그스키를 다룬 「프롬나드의 매력, 전람회의 그림」 등은 음악수필의 새로운 경지에 다다른 예술미 풍성한 작품들이다. 봄을 다룬 명곡을 그린 「봄의 두 얼굴」과 가을을 다룬 음악을 그린 「계절의 눈물, 아다지오」와 「가을날의 유서」 역시 음악수필에서 수준 높은 심미안을 보여준 교양수필의 격조를 느낄 수 있다. 여기에다 그리스의 가요인 「카테리니행 기차」에 이르면 고전음악만이 아닌 대중에게 널리 회자되는 음악에도 이 작가가 시선을 넓히고 있음을 절감한다. 이런 경지를 확보했기에 오정주 작가는 차이콥스키를 다룬 글로 평론가가 되었을 정도라 음악수필에 대해서는 별도의 해설이 필요할 만큼 이 분야의 작품들도 풍성하지만 여기서는 생략한다.

이제 오정주 작가는 노마드 인생론의 후반기를 맞았다. 즉 노마드 사회구성체 중 중층 노마드로 인생의 중반기를 보냈는데, 이제는 상층 노마드로 격상하여 그 여행의 질이 달라졌다.

중층 노마드 시기의 체험들이 리바아를 다룬 제5부, 쿠웨이트를 다룬 글들이 제3부, 하노이의 체험을 그린 게 제4부를 이루고 있다.

현지 체험을 르포식으로 그린 이 기행체 작품 중에서도 반드시 짚고 넘어가야 할 문제작들이 있다. 「고통의 축제, '아슈라'」는 아랍 이해의 첫걸음인 수니-시아파 신앙에 대한 소개와 이슬람 소개가 일품이고, 「아무리타는 오지 않고」와 「사막에 핀 야생화」 두 편은 쿠웨이트의 불법체류 노동자들의 삶과 그들의 인권실태가 지구촌 어디서나 당면한 세계사적인 과제임을 절감케 해준다.

하노이에서 부시의 이라크 침공을 반대하는 평화운동에 과감히 뛰어든 작가의 면모를 엿볼 수 있는 「나의 동지 수이엔」과, 팔레스타인 난민촌을 그린 「토브룩에서 국경을 넘다」 등은 평화가 얼마나 소중한가를 일깨워주는 현장감 넘치는 기행들이다.

그런데 이에 속하지 않는 여행기인 「라스베이거스와 세 친구」

나, 앞에서 언급한 「달을 향한 사다리」 등은 중층 노마드 시기에 속하는 현지 르포식 작품과는 사뭇 다른 상층 노마드적인 분위기가 물씬 풍긴다. 이런 경지에서 오 작가는 세상을 바라보는 시선조차 확 트여서 서정주가 적시한 귀신만 보이는 게 아니라 그 귀신의 속내까지 꿰뚫어 보는 세상살이 달인의 경지를 보여준다. 「우리 결혼 졸업했어요」나 「분초사회와 육각형 인간」이란 걸작이 바로 상층 노마드로 진입한 이후, 즉 최근 오정주 작가가 이룩한 새로운 수필의 경지다. 이 두 작품만으로도 긴 해설이 필요할 정도로 문제작이지만 이미 원고 매수도 너무 길어져 버렸고, 내 해설보다는 독자들이 반드시 독파해야 될 목록으로 남겨두고 싶다. 특히 「분초사회와 육각형 인간」은 상층 노마드가 연령의 고하에 관계없이 어느 시대나 그 시대의 전위적인 모든 변모에도 대응해 나가는 진취적인 접근 자세를 보여준다.

첫 수필집을 내기까지 오 작가는 지나치리만큼 겸허와 사양지심으로 망설였다. 아마 이 첫 출간으로 수필집 발간의 환희와 만족감을 한껏 누릴 수 있을 것이라는 말로 이 글을 맺고자 한다. 출간이 출산에 뒤지지 않는 삶의 성취와 행복한 장미임을 만끽해 주기를 기대하며, 이제 갓 첫발을 내디딘 상층 노마드 인생론의 수필이 더욱 만개하기를 기대한다.

달을
향한
사다리

초판1쇄 발행 2025년 6월 29일

지은이 | 오정주
펴낸이 | 임길순
펴낸곳 | 한국산문

편 집 | 김미원
디자인 | 한정연

등록 | 제2013-000054호
주소 | (우 03131) 서울특별시 종로구 율곡로6길 36, 207호, 208호
전화 | 02-707-3071   팩스 | 02-707-3072
이메일 | koreaessay@hanmail.net

ISBN 979-11-94015-13-0 (03810)
ⓒ 오정주, 2025

값 16,000원
* 이 책의 판권은 저자와 한국산문에 있습니다.
　이 책 내용의 전부 또는 일부를 재사용하려면 반드시 양측의 서면 동의를 받아야 합니다.